Partizipative Landnutzungsplanung

Theorie und Praxis

am Beispiel der Gemeinde Alcoy, Cebu / Philippinen

Petra Ruth

Petra Ruth

PARTIZIPATIVE LANDNUTZUNGSPLANUNG

Theorie und Praxis
am Beispiel der Gemeinde Alcoy, Cebu / Philippinen

ibidem-Verlag
Stuttgart

Die Deutsche Bibliothek - CIP-Einheitsaufnahme:

Ein Titeldatensatz für diese Publikation ist bei
Der Deutschen Bibliothek erhältlich

∞

Gedruckt auf alterungsbeständigem, säurefreien Papier
Printed on acid-free paper

ISBN: 3-89821-130-4

Printed in Germany

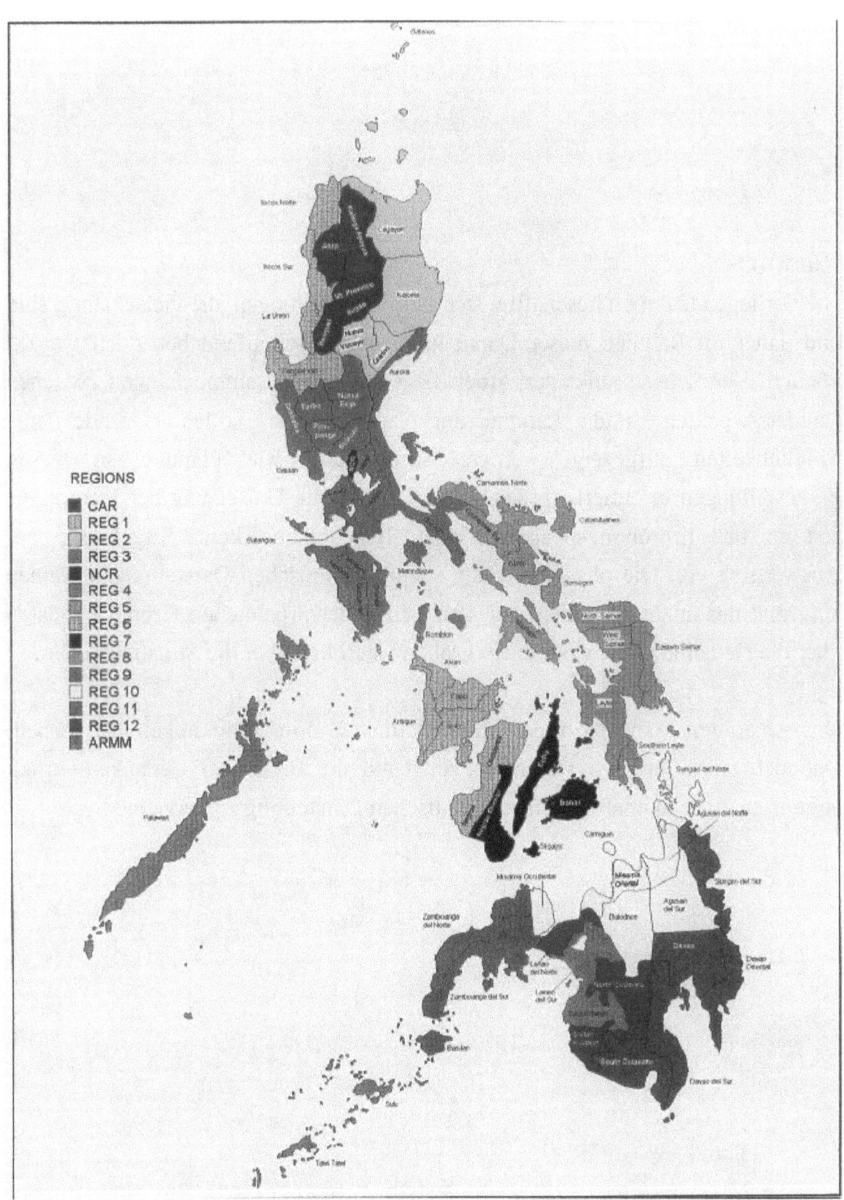

Abb. 1: Regionen und Provinzen der Philippinen 1990 (Flieger / San Carlos University Talamban 1996)

Vorwort

Die vorliegende Arbeit beschäftigt sich mit Fragestellungen, die vielschichtig sind und daher im Rahmen dieser Darstellung nicht erschöpfend behandelt werden können. Der Schwerpunkt der Arbeit liegt auf den Zusammenhängen zwischen Gender-Aspekten und Landnutzungsplanung. Es sollen Gründe und Möglichkeiten aufgezeigt werden, warum und wie Planung an diesen Fragestellungen orientiert werden sollte. Da sich die Umsetzung der Vorschläge erst in der Erprobungsphase befindet, liegen noch keine Ergebnisse zur Auswertung vor. Die physischen und sozioökonomischen Darstellungen können aufgrund der unzureichenden und zum Teil widersprüchlichen Grundlagendaten über die Gemeinde Alcoy nur einen groben Überblick über die Situation geben.

Die genannten Aspekte bilden die inhaltlichen Einschränkungen der Arbeit. Dennoch erscheint es mir sinnvoll, nicht auf die Breite der Gedankenführung zugunsten einer in allen Teilen systematischen Darstellung zu verzichten.

1 Einleitung

1.1 Landnutzungsplanung

Landnutzungsplanung (LNP) ist ein Konzept zur Entwicklung des ländlichen Raumes. Dabei liegt der Schwerpunkt auf naturräumlichen Aspekten, besonders der nachhaltigen Nutzungsfähigkeit von Boden, Gewässern, Vegetation und Fauna. Deren Schutz und Erhaltung werden im gesellschaftlichen Zusammenhang betrachtet. Ihre Entwicklungs- und Nutzungsmöglichkeiten werden in diese Betrachtung mit einbezogen. Andere Fachplanungen wie zum Beispiel Agrarplanungen oder Planungen der Wasserwirtschaft sind daher meist integraler Bestandteil von Landnutzungsplanung.

Die Arbeitsgruppe Integrierte Landnutzungsplanung (AGILNP) der GTZ definiert LNP folgendermaßen:

> *Landnutzungsplanung in der Technischen Zusammenarbeit ist ein iterativer, auf einen Dialog zwischen allen Beteiligten basierender Prozess, der die Festlegung von Entscheidungen über die nachhaltige Form der Flächeninanspruchnahme im ländlichen Raum zum Ziel hat und auch die Initiierung sowie Begleitung der entsprechenden Umsetzungsmaßnahmen beinhaltet (GTZ / AGILNP 1995, 5).*

Der „ländliche Raum“ wird dabei als vorrangig von Land- und Forstwirtschaft geprägt definiert. Er weist relativ geringe Bevölkerungs- und Bebauungsdichten auf. Die geplante Landnutzung soll die Lebensgrundlagen des Menschen nachhaltig sichern. Partizipatorische Komponenten der Planung und konsensgetragene Entscheidungen können die Akzeptanz der beabsichtigten Veränderungen erhöhen. Sie können außerdem dazu beitragen, dass der Nutzen der erreichten Verbesserung gleichmäßiger auf die unterschiedlichen Mitglieder der jeweiligen Gesellschaft verteilt wird.

> *LNP schafft die Voraussetzungen zur Erreichung einer nachhaltigen, sozial- und umweltverträglichen, gesellschaftlich erwünschten und ökonomisch sinnvollen Form der Flächeninanspruchnahme. Dabei setzt sie soziale Prozesse der Entscheidungs- und Konsensfindung über räumliche Nutzung und Schutz von privaten, kommunalen oder in öffentlicher Hand befindlichen Flächen in Gang (GTZ / AGILNP 1995, 5).*

Zur LNP gehören die Arbeitsschritte Informationsbeschaffung und Analyse, Diskussion und Bewertung sowie die Entscheidung darüber, welche Landnutzungsform in einem bestimmten Gebiet angestrebt werden soll. In der LNP sollte die optimale Lösung iterativ gefunden werden.

Die von der AGILNP formulierten Grundsätze verlangen, dass LNP

- sich methodisch und inhaltlich an den lokalen Bedingungen orientiert
- kulturell geprägte Sichtweisen berücksichtigt
- auf lokalem Umweltwissen aufbaut
- traditionelle Problem- und Konfliktlösungsstrategien berücksichtigt
- auf Selbsthilfe und Selbstverantwortung basiert
- durch Dialog Voraussetzungen für Interessensausgleich und Kooperation zwischen den Akteuren schafft
- durch partizipative Vorgehensweisen den Qualifikationsprozess der Beteiligten fördert.

Um diesen Grundsätzen gerecht werden zu können, müssen bestimmte Voraussetzungen erfüllt sein. Dazu gehören Transparenz, freier Zugang zu Informationen, Zielgruppendifferenzierung, Gender-Orientierung sowie interdisziplinäre, flexible Zusammenarbeit.

In Entwicklungshilfeprojekten wird Landnutzungsplanung aus verschiedenen Gründen eingesetzt. Sie kann der Erfassung und Verknüpfung aktueller und langfristiger Probleme dienen, zu deren Lösung eine Kombination von Maßnahmen notwendig ist. Ein anderer Anwendungsbereich kann die Vertretung von Ressourcenschutzzielen gegenüber wirtschaftlichen Interessen sein. Auch im Prozess eines Interessensausgleichs und bei der Lösung von Konflikten kann das Instrument LNP eine wichtige Rolle spielen. Durch partizipative, gender-sensitive Vorgehensweisen können benachteiligte Gruppen gefördert und lokale Planungskompetenzen gestärkt werden.

Als Basisinformationen für LNP können neben der Verwendung von Grundlagendaten (Topographie, Böden, Vegetation, Klima, Hangneigung, aktuelle Landnutzung) zahlreiche andere Verfahren der Datenerhebung (unter anderem Fernerkundung) verwendet und in Geographischen Informationssystemen (GIS) aufbereitet werden *(vgl. GTZ / AGILNP 1995, 1-16).*

1.2 Nachhaltigkeit

Ein Ziel der Landnutzungsplanung ist die *„nachhaltige Form der Flächeninanspruchnahme im ländlichen Raum" (GTZ / AGILNP 1995, 5).* Nachhaltigkeit in der Landnutzung bedeutet, dass die Funktionen der Landschaft als Lebensgrundlage für den Menschen wiederhergestellt bzw. dauerhaft aufrechterhalten werden *(vgl. Hildmann, Ripl 1996).*

- Natur ist ein Prozess; Landschaft der dynamische Raum, in dem dieser Prozess realisiert ist.
- Die in der Landschaft erkennbaren Muster sind kohärent. Sie spiegeln energiedissipative Strukturen in ihrer raum-zeitlichen Verteilung wider und enthalten Informationen über den Prozess ihrer Entstehung. Energiedissipative Strukturen sind funktional aus dem Prozess der Energiedissipation entstanden.
- Energiedissipation ist der Prozess, bei dem Energiepotentiale durch Stoffflüsse in Raum und Zeit verteilt werden. Dadurch werden Potentiale abgebaut und der Energiepuls wird auf einen Mittelwert eingelenkt.
- Ein Energiepuls entsteht, wenn ein energetisches Potential nur zeitweilig und nicht kontinuierlich vorhanden ist. Durch die Erdrotation variiert die Wechselwirkung zwischen Sonne und Erde für einen bestimmten Ort so, dass ein Energiepuls mit tages- und jahreszeitlicher Frequenz entsteht.
- Systeme sind vom Menschen raum-zeitlich abgegrenzte Betrachtungseinheiten, die sich durch ihre Funktionsweise auszeichnen. So kann zum Beispiel die Erde als weitgehend stoff-geschlossenes System betrachtet werden, deren sinnvolle räumliche Abgrenzungen auf Landschaftsebene Wassereinzugsgebiete sind, da sie räumliche Minima in den Stoffflüssen aufweisen. Räumliche Abgrenzungen müssen durch zeitliche ergänzt sein. Zur zeitlichen Abgrenzung bieten sich zum Beispiel Lebenszyklen systembestimmender Prozessträger an.

- Der Wirkungsgrad eines Systems ist umso höher, je besser der Energiepuls dissipiert wird, das heißt je vollständiger das energetische Potential an Ort und Stelle zeitlich verschoben wieder abgebaut und auf einen Mittelwert eingelenkt wird. Neben dieser energetischen Sichtweise lässt sich der Wirkungsgrad auch aus stofflicher Sicht beschreiben. Danach ist der Wirkungsgrad eines Systems umso höher, je geringer die stofflichen Verluste im Verhältnis zu den im Kreis geführten Stoffen sind. Durch Schließen der Stoffkreisläufe wird der Wirkungsgrad des Systems erhöht. Räumlich kleinere Systeme, wie z. B. die Zönosenkernstruktur, sind ortkonstanter und damit weniger störanfällig. Störungen bedeuten für ein System Stoffverluste, die den Wirkungsgrad absenken.
- Unter Bewirtschaftung wird die zielgerichtete Einflussnahme von Konsumenten, zum Beispiel des Menschen, auf den Prozess „Natur" zur Nutzung als Lebensgrundlage verstanden. Durch eine phasengerechte und angepasste Bewirtschaftung kann der Wirkungsgrad gesteigert werden. Bewirtschaftung ist nur dann nachhaltig, wenn Stoffverluste minimiert werden. Die Energiedissipation wird bei gezielter Steuerung der Stoffflüsse zum Aufbau und Erhalt des Systems genutzt.

Landnutzungsplanung muss sich als Planungsprozess, dessen Ziel die nachhaltige Flächennutzung im ländlichen Raum ist, nach den Kriterien der nachhaltigen Bewirtschaftung richten *(vgl. Ripl 1995):*

Nachhaltige Bewirtschaftung ist die Schaffung funktioneller Muster durch die Entwicklung, Verteilung und phasengerechte Nutzung von energiedissipativen Strukturen entsprechend dem Energiepuls. Sie fügt sich in das sich aus dem Energiepuls ergebende räumlich-zeitliche Muster ein, anstatt es durch den Einsatz von Fremdenergie zu überformen. Dadurch ist die Nutzung der Landschaftsfunktionen über eine maximale Zeitdauer möglich.

1.3 Konzepte zur Frauenförderung

1.3.1 Nichtregierungsorganisationen

Im Laufe der von den Vereinten Nationen 1975 ausgerufenen Frauendekade hatten fast alle Entwicklungsländer auf Initiative der Nichtregierungsorganisationen frauenbezogene Zielsetzungen als integralen Bestandteil in ihre nationalen Entwicklungsplanungen aufgenommen und die rechtliche Gleichstellung der Frauen vorangetrieben. Häufig wurde die Vertretung von Fraueninteressen auf staatlicher Ebene institutionalisiert, indem Frauenministerien und -büros eingerichtet wurden.

Der Begriff einer „frauengerechten Entwicklung“ oder auch der „Feminisierung der Entwicklung“ entstand im Forum der Nichtregierungsorganisationen auf der Weltfrauenkonferenz 1985 in Nairobi. Eine Gruppe von Wissenschaftlerinnen („DAWN / Development Alternatives with Women for a New Area“) aus dem Süden stellte dort den sog. „Empowerment-Ansatz“ als Alternative zum „Women in Development“ (WID)-Ansatz der 70er Jahre vor. Die Gruppe kritisierte, dass der WID-Ansatz lediglich eine Integration von Frauen in die vorhandenen Strukturen beabsichtige. Er verkenne, dass noch nie Entwicklung ohne den Einsatz von Frauen stattgefunden habe.

Das Empowerment-Konzept thematisiert dagegen das wirtschaftliche und politische Machtgefälle zwischen Nord und Süd, die Unterschiede zwischen sozialen Klassen sowie zwischen Frauen und Männern. Es wird betont, dass Frauen bereits weltweit die Hauptlast im Wirtschaftsgeschehen ihrer Länder tragen und sie dadurch Hauptbetroffene von ökonomischen und ökologischen Krisen sind. Die Marginalisierung von Frauen resultiere aus dem vorherrschenden Entwicklungsmodell. Nach dem Empowerment-Konzept sollen Frauen nicht nur am bestehenden System teilhaben, sondern es verändern. Das erklärte Ziel dieser Entwicklungsstrategie ist eine veränderte Verteilung von Machtbefugnissen auf die Geschlechter.

Ökonomische und soziale Verbesserungen für die weibliche Mehrheit der Armen sind Voraussetzungen für eine langfristige Entwicklung, da nur so die strukturellen Ursachen der Ungleichheiten beseitigt werden können. Der Empowerment-Ansatz versteht sich als politische Handlungsanweisung in diesem Prozess.

1.3.2 Weltbank

Die Weltbank, 1945 im Hinblick auf den Kapitalbedarf zum Wiederaufbau und zur wirtschaftlichen Entwicklung der 44 Gründungsstaaten geschaffen, ist seit 1950 an der wirtschaftlichen Förderung von Entwicklungsländern beteiligt. Inzwischen ist sie die größte einzelne Kreditkapital-Quelle für Entwicklungsländer. Zu den Prinzipien der Weltbank gehören wirtschaftliche Effizienz und Leistungsfähigkeit. Dementsprechend ist das primäre Ziel der Weltbank innerhalb der Frauenförderung eine Steigerung der Produktivität von Frauen. Dadurch, dass durch Investitionen der Weltbank die Hausarbeit von Frauen in Entwicklungsländern erleichtert wird, können diese zusätzlich Produktionsarbeit in die Warenökonomie einbringen.

> *Increasing the productive capabilities of women through investment in their schooling appears to be an efficient use of social and private individual investment resources. Beyond schooling, other public policies have been proposed to help women realize more efficiently their productive potential and contribute more to the growth of their societies (Schultz 1989, 83).*

Da Frauen eher in die Gesundheit, Ernährung und Erziehung der Familienmitglieder investieren als Männer, soll ihre Position in der Gesellschaft und ihr Einfluss auf die Entwicklung durch Bildung gestärkt werden.

> *A more equal distribution of education between men and women would not slow economic growth. In fact, because female education has greater effects on health, nutrition and fertility, it might actually accelerate development (Schultz 1989, 94).*

Die Bildungsinvestitionen entsprechen den ökonomischen Zielsetzungen der Weltbank. Obwohl solche Maßnahmen Frauen fördern, ist das primäre Ziel der

Weltbank nicht Gleichberechtigung, sondern Wirtschaftswachstum. Dazu sollen Frauen einen wesentlichen Beitrag leisten.

> *Dieser Beitrag soll einschließen: ein Einkommen zu erwirtschaften, für ein soziales Sicherungsnetz zu sorgen, effizienter in der Landwirtschaft tätig zu sein, die Wirkung von Struktur-Anpassungsprogrammen auf die Armen abzufedern, in den Familien Gesundheitsfürsorge zu betreiben, Geburtenkontrolle anzuwenden und schließlich noch mit dem weiblichen Sinn für Rechenschaftspflicht die Demokratisierung voranzutreiben (DED / Wichterich 1994, 51).*

In den 80er Jahren wurden in vielen Entwicklungsländern aufgrund der Verschuldungskrise Programme zur Strukturanpassung durchgeführt. Diese neoliberalen, wirtschafts- und finanzpolitischen Kurskorrekturen wurden unter anderem von der Weltbank gefordert und mitkonzipiert. Sie hatten unter anderem Kürzungen im Sozialbudget, Erhöhungen der Preise für öffentliche Dienstleistungen, Personalentlassungen, die Aufhebung von Preiskontrollen und die Streichung von Nahrungsmittelsubventionen zur Folge. Mit dieser Umschichtung staatlicher Aufgaben auf private Haushalte wuchs die Arbeitsbelastung von Frauen, da sie in allen Sektoren der Überlebenssicherung Schlüsselpositionen innehaben.

1.4 Frauenförderung in der ländlichen Entwicklung (GTZ)

Die ersten Konzeptionen der GTZ zur Frauenförderung und zur ländlichen Entwicklung entstanden aus dem Entwicklungsverständnis der 70er Jahre, in dem monosektorale Ansätze vorherrschend waren. Die Maßnahmen der ländlichen Entwicklung während der ersten Phase der Entwicklungszusammenarbeit waren auf wirtschaftliches Wachstum ausgerichtet, ohne Aspekte der Partizipation und Verteilungsgerechtigkeit zu berücksichtigen. Der weibliche Teil der ländlichen Bevölkerung wurde am Entwicklungsprozess kaum beteiligt, obwohl Frauen in diesem Sektor Schlüsselrollen einnehmen. Diskussionen über die erste Entwicklungsdekade führten zu veränderten Ziel- und Zielgruppenvorgaben.

Die revidierte Zielvorgabe richtete sich zunehmend auf die Verbesserung wirtschaftlicher und sozialer Lebensbedingungen in ländlichen Regionen.

Armutsbezug, Zielgruppenorientierung, Nachhaltigkeit und Partizipation wurden im erweiterten Entwicklungsverständnis zu wesentlichen Grundsätzen für die Projektarbeit. In Projekten der ländlichen Regionalentwicklung (LRE) sollten sowohl die Gesamtproduktivität gesteigert als auch die Lebensbedingungen der ländlichen Bevölkerung verbessert werden. Die Förderprogramme erstreckten sich hier auf die Bereiche Pflanzen- und Tierproduktion, Forstwirtschaft, Fischerei, Landnutzung, Agrarforschung, Gewerbeförderung, Infrastruktur, Gesundheit, Ernährung, Bildung und Selbsthilfeförderung.

Alle diese Bereiche haben Frauenrelevanz. Dem Bereich der Frauenförderung als einem der Schwerpunkte deutscher Entwicklungszusammenarbeit kam daher in der ländlichen Regionalentwicklung besondere Bedeutung zu. Besonders seit der Proklamation der „Frauendekade" durch die Vereinten Nationen 1975 entwickelte sich das Bewusstsein, dass jede Projektmaßnahme unterschiedliche Auswirkungen auf den männlichen und auf den weiblichen Teil der Zielgruppe hat. Zielgruppen wurden daraufhin erstmals geschlechtsspezifisch definiert:

> *Hauptthese war, dass eine erfolgreiche wirtschaftliche, soziale und politische Entwicklung nur unter Einbeziehung aller sozialer Gruppen gewährleistet werden könne, mithin die Integration der Frauen als gleichberechtigte Partner in den Entwicklungsprozess eine notwendige Bedingung für sozialen und wirtschaftlichen Fortschritt darstelle (Schneider 1989, 14).*

Ziele der Frauenförderung waren sowohl die Steigerung der weiblichen Produktivkraft als auch die Verbesserung der Lebensbedingungen von Frauen. Sie sind in den meisten Gesellschaften Hauptbetroffene der Armut, da gesellschaftliche, wirtschaftliche und politische Rahmenbedingungen meistens zu Ungunsten der Frauen strukturiert sind.

1.5 Gender-Ansatz in der Entwicklungszusammenarbeit

Das in den 70er Jahren verfolgte Konzept der Frauenförderung „Women in Development" war unter anderem von der Annahme ausgegangen, dass Frauen mehr in die Wirtschaft einbezogen werden müssten, um ihre Position zu stärken. Durch eine verstärkte Integration der Frauen in die Marktwirtschaft sollte zusätzliches Wirtschaftswachstum erreicht werden. Viele Maßnahmen wurden in der Annahme durchgeführt, es handele sich dabei ausschließlich um die Lösung von Frauenproblemen oder aber lediglich um die Integration von Frauen als zusätzlicher Zielgruppe.

Soziokulturelle Gewohnheiten und die Dominanz von Männern in der bisherigen Entwicklungszusammenarbeit hatten dazu geführt, dass Frauen deutlich weniger Einfluss auf Entwurf und Gestaltung von Entwicklungsprojekten hatten und selten von deren Erfolgen und Verbesserungen profitieren konnten. Bei partizipatorischen Methoden wurde außerdem oft die Heterogenität der Bevölkerung im Projektgebiet zu wenig beachtet.

> *In den 80er Jahren haben sich Frauen aus dem Süden empört, dass die meisten Entwicklungsprojekte nur ihren Männern zugute kämen. Manche Projekte hätten sogar direkte negative Auswirkungen auf die Lebenssituation und den Status der Frauen. Sie forderten, dass sie mit ihren Bedürfnissen und Anliegen ernstgenommen und in die Projekte einbezogen würden. So entstand in enger Zusammenarbeit mit Frauen aus dem Norden der Gender-Ansatz (DED / Schneider 1994, 9).*

„Gender“ erwies sich als eine wichtige soziale Unterscheidung zusätzlich zur Unterscheidung in verschiedene ethnische und soziale Gruppen sowie Altersklassen.

> *The term 'gender' designates the socially-moulded, individually acquired and constantly renegotiated 'female' and 'male' roles. Gender roles are determined above all by the social, cultural and economic organization of a society and by the prevailing religious, moral and legal norms (Osterhaus, Salzer 1995, 8).*

Im Englischen wird zwischen dem biologischen Geschlecht „Sex“ und dem Begriff „Gender“ unterschieden, der das Geschlecht gemäß der durch gesellschaftliche Konventionen festgelegten, soziokulturellen Rollen benennt. Da es in der deutschen Sprache keinen adäquaten Ausdruck für diese erworbenen und damit auch beeinflussbaren Geschlechterrollen gibt, wurde der Begriff „Gender“ übernommen.

Der Gender-Ansatz basiert auf der Tatsache, dass Frauen und Männer innerhalb des sozialen Gefüges in Interaktion miteinander stehen. In verschiedenen Kulturen, Gesellschaftssystemen und Glaubensgemeinschaften sind die geschlechtsspezifischen Rollen, Tätigkeitsfelder und Verantwortungsbereiche unterschiedlich verteilt. Dabei beeinflussen Alter, Familienstand und ökonomische Situation die „Gender roles“ von Frauen und Männern.

Diese Rollen, die im Rahmen der Sozialisation Frauen bzw. Männern anerzogen werden, lassen sich vereinfacht einem häuslichen und einem öffentlichen Bereich zuordnen.

Zum häuslichen Privatbereich (meistens das Tätigkeitsfeld von Frauen) gehören zum Beispiel Kinderbetreuung, Hausarbeit und Familienversorgung.

Zum öffentlichen Bereich zählen politische, soziale und ökonomische Aktivitäten außerhalb des Privatbereiches (meist von Männern ausgeübt). Den unsichtbareren, häuslichen Tätigkeiten wird in fast allen Gesellschaften ein geringerer Wert beigemessen als den öffentlich sichtbareren. Damit werden auch die Arbeitsleistungen der Frauen geringer eingeschätzt als die der Männer.

Die traditionelle Arbeitsteilung zwischen Frauen und Männern lässt theoretisch Wechsel von einer Sphäre in die andere zu. Es kommt jedoch häufiger vor, dass Frauen zusätzlich zu ihren häuslichen Pflichten außerhäuslich arbeiten, zum Beispiel im Handel aktiv sind, als dass Männer häusliche Arbeiten verrichten. Ein „Cross-over“ der Männer vom öffentlichen zum privaten Bereich findet fast ausschließlich in Krisensituationen statt. Das hängt mit dem Wert zusammen, der den beiden Sphären innerhalb der Gesellschaft jeweils beigemessen wird. Während es für Frauen meist einen Prestigegewinn bedeutet, zusätzlich zur Haushaltsverantwortung im öffentlichen Bereich aktiv zu sein, befürchten Männer im umgekehrten Fall Prestigeverlust und Minderung ihres gesellschaftlichen Ansehens. Folglich sind solche „Grenzübertritte“ vom höhergeschätzten, öffentlichen Bereich zum weniger beachteten, häuslichen äußerst selten. Der gesellschaftliche Status der beiden Bereiche hängt dabei nicht von den tatsächlichen Arbeitsleistungen ab. Er wird vor allem durch die gesellschaftliche Bewertung der Arbeitsleistung und die Definition von „Arbeit" und „Nicht-Arbeit" bestimmt:

> *Activities that generate exchange value, or those that result in a wage (particularly cash) or a profit are generally considered as work. Other economic enterprises which might result in a marketable good which might be sold or not (poultry, pigs, vegetables, mats or baskets, cooked or processed food) rarely get classified as work; neither is selling own products (farm or fishery capture) considered as work (Beneria 1982, 119).*

Je nach Tätigkeitsfeld und Verantwortungsbereich sind auch die Bedürfnisse („Gender needs") im Alltag verschieden. Gender-Analysen ermöglichen Einblicke in die geschlechterspezifische Arbeitsteilung, die Entscheidungskompetenzen von Frauen und Männern sowie die Kontrolle über materielle und immaterielle Ressourcen.

> *By bringing the discourse of women and development in the context of gender, several things are highlighted. Women do not exist in a relational vacuum. They constitute half of the population, but their status is often stated in terms of the other half, that is as mother, sister, wife or daughter (Licuanan 1991, 16).*

Frauen und Männer haben aufgrund der verschiedenen „Gender roles" im Arbeitsalltag verschiedene Bedürfnisse („Gender needs"). Sie lassen sich in „Practical needs" wie medizinische Grundversorgung oder Kinderbetreuung sowie „Strategical needs" wie Bildung, Zugang zu Ressourcen oder Krediten unterteilen. Die „Strategical needs" stehen in engem Zusammenhang mit Anerkennung und Einfluss innerhalb der Gesellschaft. „Gender roles" können modifiziert oder sogar verändert werden. Die aus einer Gender-Analyse gewonnenen Erkenntnisse können für Planungen und Projektvorschläge hilfreich sein, da Maßnahmen für Frauen wenig Aussicht auf Erfolg haben, wenn nicht gleichzeitig die Position und Haltung der Männer verändert wird.

1.5.1 GTZ-Länderstrategien und Programmansätze aus Gender-Perspektive

Mit Projekten der Technischen Zusammenarbeit können unter Umständen die Lebensbedingungen der Bevölkerung eines Projektgebietes verbessert werden. Die armutsverursachenden Strukturen werden dadurch selten verändert. Zur Armutsbekämpfung können politische, gender-orientierte Strategien aber einen wichtigen Beitrag leisten. Sie verlangen interdisziplinäre, übersektorale Zusammenarbeit. Mit der Entwicklung gender-orientierter Länderstrategien lassen sich unterschiedliche Projekte eines Landes zielgruppenorientiert koordinieren. So können sie die Frauenpolitik der betreffenden Länder unterstützen. Dafür müssen allerdings die jeweiligen Zielvorgaben eingehend geprüft werden. Die Verankerung des Themas bei Regierungsverhandlungen und in Vereinbarungen über Entwicklungsstrategien ist ebenso wichtig wie die Prozessberatung durch GutachterInnen vor Ort oder die länderweite Gender-Orientierung durch LangzeitberaterInnen. Bei der Entwicklung von Länderstrategien sollten die unterschiedlichen Interessen der Zielgruppen in Projekten im Vordergrund stehen.

Innerhalb der GTZ wurden inzwischen Facharbeitsgruppen zum Thema "Women in Rural Development" gebildet, um Gender-Netzwerke in verschiedenen Regionen zu unterstützen. Durch die Arbeit dieser Netzwerke sollen sowohl gender-sensitive Länderprogramme als auch dementsprechende Projektansätze gefördert werden. Innerhalb der Länderprogramme dienen Förderschwerpunkte der Unterstützung ausgewählter Sektoren und Arbeitsbereiche. Dadurch sollen die Effizienz der Förderung gesteigert und Synergieeffekte genutzt werden. In einigen Ländergruppen gibt es im Bereich des Ressourcenschutzes oder auch im landwirtschaftlichen Sektor bereits Initiativen zur Konzipierung eines gender-orientierten Programmansatzes. Frauen und Männer sollen dabei nach einer Interessen-, Rollen- und Potentialanalyse innerhalb der Zielgruppen gleichmäßig an der Ausgestaltung und den Auswirkungen der Projekte beteiligt sein.

Auf Initiative von Nichtregierungsorganisationen verfolgen internationale Geber- und Partnerorganisationen zunehmend gender-sensible Strategien. Sie tragen so dazu bei, dass die Gender-Frage mehr und mehr zu einem festen Bestandteil internationaler und nationaler Entwicklungspolitik wird. Allerdings wird von den Partnerorganisationen in den Empfängerländern („Counterparts“) häufig eine Fehlauswahl der Förderungen insofern beklagt, als dass Frauen dabei lediglich in den ihnen traditionell zugewiesenen Arbeitsfeldern unterstützt werden. Zwar kann die Belastung von Frauen durch Alltagsaufgaben mit Maßnahmen zur Frauenförderung verringert werden. Das heißt aber nicht, dass sich gleichzeitig dadurch auch die Strukturen ungerechter Arbeitsverteilung verändern.

Aus diesem Grund ist es wichtig, dass nicht ausschließlich die akuten Missstände durch spezielle Förderung der Frauen behoben werden, sondern gleichzeitig eine Veränderung der strukturellen Ursachen angestrebt wird *(vgl. DED / Nagel 1994, 3)*.

1.5.2 Gender-Differenzierung im Projektzyklus

In einer Studie zur Evaluierung von 128 GTZ-unterstützten Projekten (1993) zeigte sich, dass in weniger als 8 % der untersuchten Projekte das Konzept und die Implementierung auf einer geschlechts-spezifischen Zielgruppenanalyse beruhte *(vgl. Osterhaus, Salzer 1995, 5)*. Dabei waren in über 60 % der untersuchten Projekte Frauen als wichtiger Teil der Zielgruppe identifiziert worden. Aufgrund unzureichender Beteiligung der Zielgruppen waren die Projektwirkungen oft von geringer Dauer. Oft kamen sie auch lediglich einem kleinen Personenkreis der Zielgruppe zugute.

Inzwischen wird versucht, langfristige Strukturveränderungen zugunsten von Frauen auf programmatischer und politischer Ebene zu fördern. Die o.g. Missstände sollen durch verändertes Projektmanagement allmählich behoben werden. Partizipation und flexiblere Vorgehensweisen sollen den Projektzyklus bestimmen. Die GTZ-ExpertInnen sollen dabei als Prozessmoderatorinnen in den Projekten tätig werden anstatt fertige Lösungen zu präsentieren. Die Zielgruppen der Technischen Zusammenarbeit sollen nicht erst in der Phase der Implementierung, sondern bereits in der Identifizierungs- und Planungsphase aktiv beteiligt werden.

From the stage of need analysis to project identification, planning, implementation, monitoring and evaluation, the key questions to be answered are: Does the project promote the advancement of women's concerns? Does it lead to their empowerment? (WIDAP 1993, 37).

Die sog. „ZOPP-Methode" (Ziel Orientierte Projekt Planung), ein systematisches, zielorientiertes Mehrschritt-Planungsverfahren der GTZ, wurde ebenfalls überarbeitet. Daraus ist die Methode des „Project Cycle Managements" (PCM) entstanden. Sie ist flexibler als die ZOPP-Methode, da prozessorientierte, dynamische Vorgehensweisen betont werden, an denen die Betroffenen partizipieren. Die Situationsanalyse sowie Planungsschritte, die in herkömmlichen ZOPP-Workshops oft sehr verkürzt stattfanden, erstrecken sich im PCM über eine längere Periode und ermöglichen so den Zielgruppen und den beteiligten Institutionen eine aktivere Teilnahme.

In contrast to the past, objectives-oriented planning moves away from being limited to 'the workshop' towards an understanding of planning and management as part of a process, in which various instruments and methods are used , but always selected in line with the given circumstances in the specific project (Osterhaus, Salzer 1995, 17).

1.6 Fazit

Zwischen nachhaltiger Landnutzungsplanung und der Berücksichtigung von Gender-Aspekten besteht ein enger Zusammenhang. Eine nachhaltige Nutzung der Landschaftsfunktionen ist nur dann langfristig möglich, wenn zusätzlich zu den aus der Thermodynamik abgeleiteten Kriterien der Nachhaltigkeit gesellschaftliche Voraussetzungen erfüllt werden. Dazu gehört unter anderem die Umsetzung der Erkenntnisse, die aus einer Gender-Analyse gewonnen werden. Innerhalb der Landnutzungsplanung können dadurch Aspekte berücksichtigt werden, die bislang vernachlässigt wurden. So ist bisher zum Beispiel kaum beachtet worden, dass durch zunehmende Degradierung der Umwelt vor allem die Belastung der Frauen steigt. Durch Gewährleistung einer gleichmäßigen Partizipation von Frauen und Männern an nachhaltigen Bewirtschaftungsmethoden kann eine neue Qualität von Landnutzungsplanung erreicht werden.

2 Physische und sozioökonomische Charakterisierung des Planungsgebietes Alcoy anhand des „CLUP 1996“

Im folgenden wird ein Überblick über die physischen und sozioökonomischen Rahmenbedingungen im Planungsgebiet gegeben. Ein Großteil der Daten ist bei der Erarbeitung des „Comprehensive Land Use Plan 1996“ aktualisiert worden.

Im CLUP 1996 werden, basierend auf den physischen und sozioökonomischen Daten, Entwicklungsziele und -strategien für die Gemeinde formuliert. Der Plan umfasst Angaben über die bestehende und geplante Landnutzung Alcoys. Dementsprechend werden Flächenausweisungen vorgenommen. Außerdem sind im CLUP Entwicklungsperspektiven für die einzelnen Sektoren (zum Beispiel Gesundheit, Bildung, Infrastruktur, Wasser, Industrie, etc.) enthalten. Ein weiterer Teil des Planes beinhaltet Festlegungen der Organisationsstruktur sowie der Aufgabenfelder innerhalb der Gemeindeverwaltung.

Insgesamt sind die Qualität und Quantität der aktuell verfügbaren Daten sehr verschieden und in weiten Teilen verbesserungsfähig. Sie ermöglichen dennoch im Rahmen dieser Arbeit einen Einblick in die Lebensbedingungen in Alcoy.

2.1 Physische Rahmenbedingungen des Gemeindegebietes von Alcoy

2.1.1 Ausgangssituation auf Cebu

Cebu ist eine der größten Inseln des philippinischen Visayas Archipel. Auf einer Fläche von 5000 km^2 leben 2,3 Mio. Menschen (1995), davon etwa 1 Mio. in der Provinzhauptstadt Cebu City. Die Stadt ist ein bedeutender Wirtschaftsstandort und hat im Gegensatz zur Landeshauptstadt Manila auf Luzon einen taifungeschützten Hafen.

Der überwiegende Teil der Bevölkerung auf Cebu lebt im ländlichen Raum. Das landwirtschaftliche Potential ist, abgesehen von einigen Flächen im Norden der Insel, gering. Durch die zunehmende Nutzung marginaler Standorte und verkürzte Rotationszyklen im Wanderfeldbau sinken die ohnehin niedrigen Erträge der

Flächen weiter. Die Kultivierung von Marginalstandorten verursacht zusätzlich Bodenerosion und führt zur Degradierung der Ressourcen. Die Reduzierung des Baumbestandes zum Beispiel vermindert die Wasserspeicherkapazität des Bodens und die Wasserverfügbarkeit, besonders im Hochland Cebus. Die fortschreitende Degradation landwirtschaftlicher Flächen könnte durch angepasste Anbautechnologien begrenzt werden. Fehlende Kenntnisse der Landbevölkerung über standortgemäßere Nutzungssysteme führen allerdings weiterhin zu erheblichen Umweltschäden. Außerdem sind die Rechts- und Nutzungsverhältnisse vieler Flächen nicht geklärt und so unsicher, dass die LandnutzerInnen nicht in langfristige Maßnahmen, zum Beispiel zur Bodenverbesserung oder zum Erosionsschutz, investieren, sondern sich auf die Erwirtschaftung kurzfristiger Erträge konzentrieren.

Auch die Erträge der Küstenfischerei sind rückläufig. Fischfangmethoden wie zum Beispiel die Verwendung von Dynamit und Gift und das Fischen mit feinmaschigen Schleppnetzen zerstören die Korallenriffe und damit die Fischgründe. Korallenriffe sind sowohl Wellenbrecher zum mechanischen Schutz der Küste als auch Brutstätte für Fische. Die küstennahen Mangrovenbestände erfüllen ebenfalls diese Funktionen an der Ökotongrenze zwischen Land und Wasser. Durch Abholzen der Mangrovenwälder, zum Beispiel für die Errichtung von küstennahen Aquakulturen, werden weitere Brutstätten vernichtet. Die Erträge der Fischerei werden aus diesen Gründen in Zukunft stark rückläufig sein.

Aufgrund der problematischen ökologischen und sozioökonomischen Bedingungen in den südlichen Hügelgebieten (Uplands) der Provinz Cebu schlug die philippinische Regierung der Regierung der Bundesrepublik Deutschland 1983 ein Projekt zur Technischen Zusammenarbeit vor; 1986 trafen beide Regierungen eine Übereinkunft, die das Philippine-German Cebu-Upland Project (CUP) entstehen ließ. Als Projektgebiet wurden die drei Gemeinden (Municipalities) Alcoy, Boljoon und Oslob (ABO-Gebiet) im Südosten der Insel festgelegt. Im ABO-Gebiet leben etwa 42000 Menschen in 40 Gemeindebezirken (Barangays).

Durch das Projekt sollen sowohl Grundprinzipien der deutschen Technischen Zusammenarbeit als auch der philippinischen Entwicklungspolitik verfolgt werden. Dazu gehören Nachhaltigkeit, ökologische und technische Angepasstheit, Partizipation, Gender-Sensibilität und Zielgruppenorientierung.

> *GTZ projects address the issue of poverty and disempowerment of the rural and urban poor communities of the Philippines. Such poverty and disempowerment was caused by centuries-old economic, political and social structures created by colonization and faulty development principles and policies (WIDAP 1993, 37).*

Das CUP zielt auf soziale Verbesserungen und eine ökologische Stabilisierung des ABO-Gebietes. Die Bevölkerung der Gemeinden, die von lokalen Entwicklungsträgern unterstützt wird, soll dabei selbst Maßnahmen planen, implementieren und überwachen, die ihre Entwicklung fördern. Sie soll sich außerdem an der lokalen Selbstverwaltung beteiligen. Einige Projektmaßnahmen des CUP 1995 waren zum Beispiel:

- Vermittlung von Kenntnissen über ökonomisch und ökologisch tragfähige Nutzungssysteme und Technologien an die ländliche Bevölkerung
- Einführung von boden- und wasserkonservierenden Maßnahmen bei Kleinbauern
- Verbesserung des Zugangs der Landbevölkerung zu Krediten und Dienstleistungen
- Förderung der Kenntnis und Umsetzung des „Local Government Code"

Die Projektpartner des CUP auf nationaler Ebene sind das Department of Environment and Natural Resources (DENR) und das Department of Agriculture (DA). Damit eine effektive Repräsentanz auf lokaler Ebene der Municipalities und Barangays sichergestellt werden kann, ist das Provincial Government of Cebu dritter Projektpartner.

Die Gemeinde Alcoy hat 1996 mit Unterstützung zweier CUP-Hospitatinnen als erste im ABO-Gebiet mit der Aktualisierung des CLUP 1985 begonnen. Die Erfahrungen aus Alcoy sollen nach Fertigstellung des CLUP 1996 in die Landnutzungsplanung der übrigen Gemeinden einfließen.

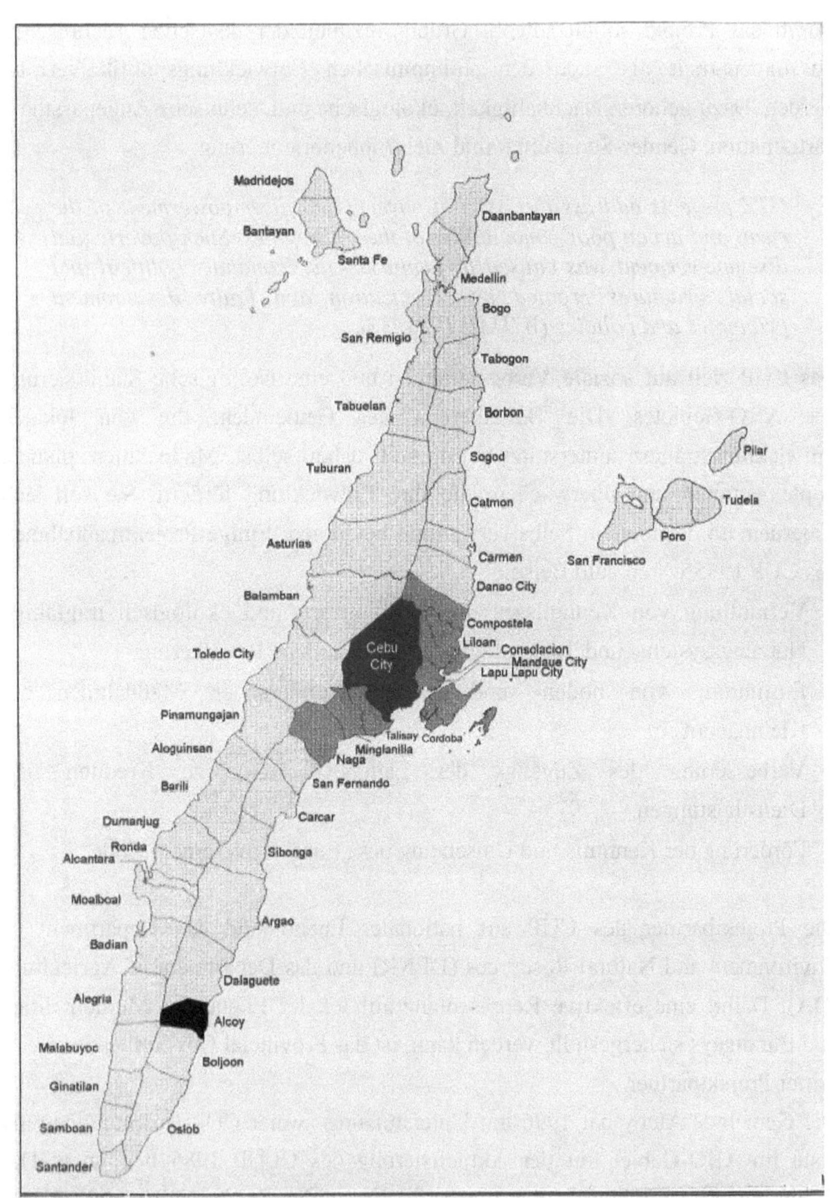

Abb. 2: Übersichtskarte (Flieger / San Carlos University Talamban 1996)

2.1.2 Klima

Alcoy befindet sich zwischen 9° 31' und 9° 36' nördlicher Breite sowie 123° 24' und 123° 30' östlicher Länge in der äquatorialen Klimazone der immergrünen, feuchten Wälder *(vgl. Walter 1979, Kap.1)*. Das Klima ist von gleichmäßig hohen Temperaturen im Jahresgang (Tageszeitenklima) und heftigen, saisonalen Niederschlägen gekennzeichnet. Die Monatsmittel der Temperatur schwanken innerhalb eines Jahres um weniger als 3 °C, wobei Mai mit durchschnittlich 28,1 °C der heißeste und Januar mit 26 °C der kälteste Monat ist. Die Jahresdurchschnittstemperatur sinkt im Hochland in den Tropen je 100 Höhenmeter um 0,6 °C *(vgl. Sanchez 1976, 2)*. Die Trockenzeit dauert von Februar bis Mai. Die Nordost-Winde zu dieser Zeit sind regenarm. Ab Juni wechselt die Hauptwindrichtung. Die dann vorherrschenden, feuchten Südwest-Winde erreichen den Süden Cebus jedoch kaum, da sie sich an einem 1900 m hohen Berg der Nachbarinsel Negros abregnen. Durch diese Lee-Lage ist das Klima in Alcoy, Boljoon und besonders in Oslob sehr trocken. Von Juni bis September beginnen längere Regenperioden, die sich aufgrund der Taifunzeit bis Oktober fortsetzen. Die relativ starken Niederschläge im Oktober sind sowohl auf Tiefdruckgebiete und Taifune als auch auf das Einsetzen der Nordost-Winde zurückzuführen. In den Jahren 1990-1995 wurden in Oslob jeweils im Oktober die höchsten Niederschlagsmengen von durchschnittlich 128,4 mm und im April die niedrigsten Werte von durchschnittlich 11,6 mm registriert. Der durchschnittliche Jahresniederschlag 1990-1995 lag in Oslob bei 740,9 mm, weiter nördlich in Alcoy im Hochland bei 1508,3 mm. Das ist für Gebiete innerhalb der wechselfeuchten Tropen extrem wenig und sowohl auf die natürliche Lee-Lage als auch auf die Verschlechterung des Mikroklimas durch Entwaldung zurückzuführen. Die Trockenheit führt zu Engpässen in der Wasserversorgung der BewohnerInnen des Gebietes. Auch in der Landwirtschaft ist Wassermangel einer der wichtigsten limitierenden Faktoren *(Water Resources Center, San Carlos University Talamban 1996)*.

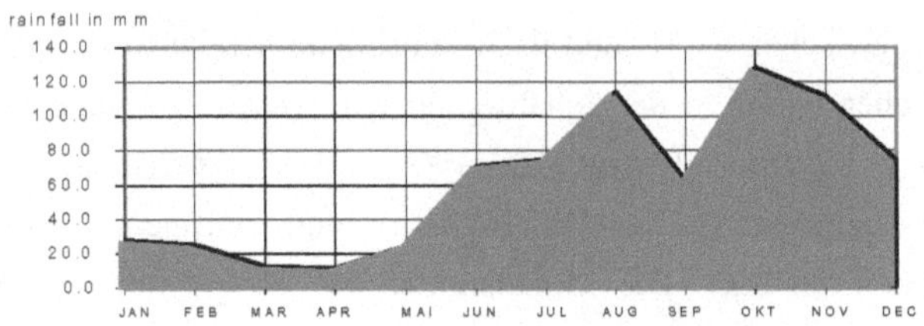

Abb. 3: Municipality of Oslob: Average Rainfall 1990-1995 (Water Resources Center, San Carlos University Talamban 1996)

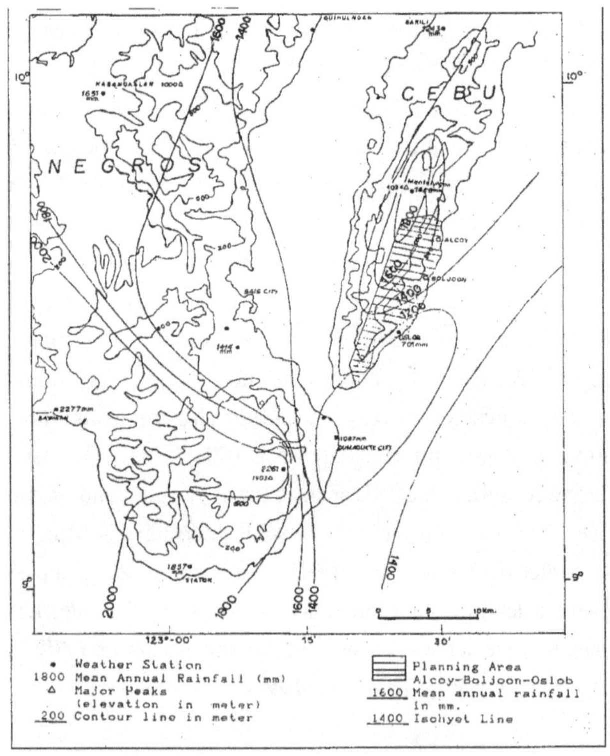

Abb. 4: Durchschnittlicher Jahresniederschlag Cebu (1983)

2.1.3 Topographie / Hangneigung

Die Fläche des Gemeindegebietes von Alcoy (6245,9 ha) ist überwiegend felsig und zerklüftet. *Geoplan* hat sie 1995 in fünf Hangneigungsklassen gegliedert: Die erste (0-8 %) ist hauptsächlich in der Küstenregion und im westlichen Teil des Hochplateaus (800 m über NN) von Nug-as zu finden. Diese Gebiete und die der anschließenden Hangneigungsklasse von 9-18 % sind bei moderaten Anbaumethoden wenig erosionsgefährdet und für die landwirtschaftliche Nutzung in Verbindung mit erosionshemmenden Begleitmaßnahmen eingeschränkt geeignet. Alle Gebiete, deren Hangneigungsgrad > 18 % ist, wurden vom „Bureau of Forest Development" (BFD) als Wiederaufforstungsflächen „Timberland" klassifiziert und dürften aufgrund der Erosionsgefahr nicht für Landwirtschaft genutzt werden. Dennoch werden sie landwirtschaftlich genutzt und sind fast baumlos.

Tab. 1: Municipality of Alcoy: Slope Categories

slope categories	ha of total land area*	% of total land area	description
0-8 %	2403.9	38.4	area of level to nearly gently sloping and undulating
9-18 %	1332.4	21.3	moderately sloping and undulating
19-30 %	746.44	11.9	moderately sloping, steeply undulating and rolling
31-50 %	468.24	7.5	strongly sloping, rolling and hilly land
> 50 %	1315.2	21.0	strongly sloping and very steep

Geoplan Cebu Foundation Inc. 1995

**total municipal land area estimated by Geoplan Foundation differs from CLUP 1985*

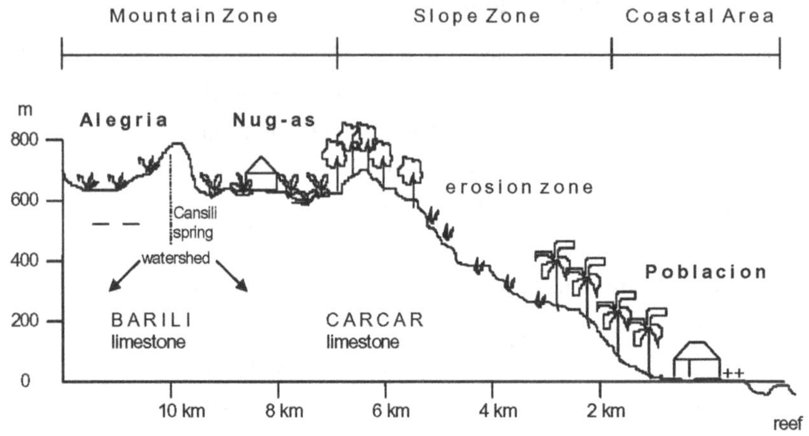

Abb. 5: Municipality of Alcoy: Geographical Profile (Riethmüller / Schönwälder 1992)

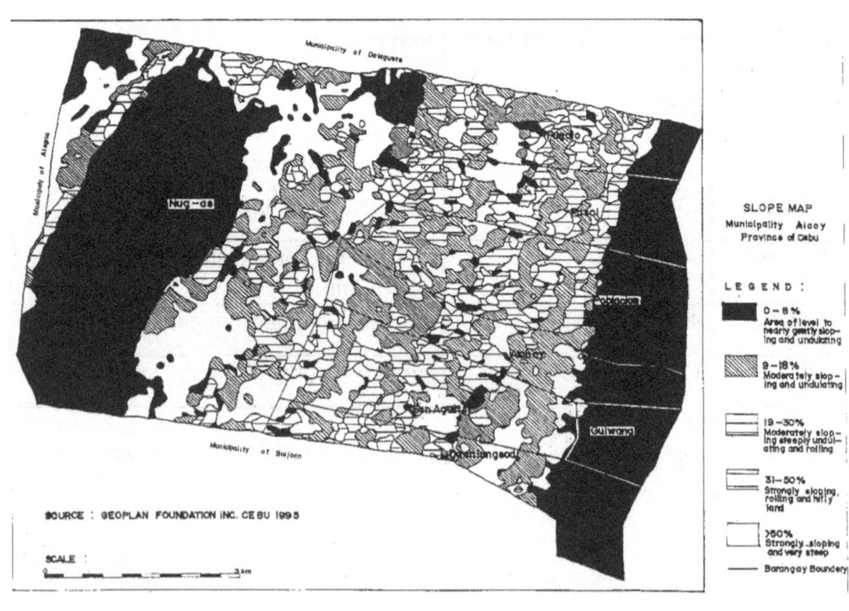

Abb. 6: Slope Map (Geoplan 1995)

2.1.4 Böden

Die Böden in Alcoy haben sich auf ehemaligen Korallenbänken (Kalkstein) entwickelt. Leptosole sind nach FAO-Klassifikation die in Alcoy am häufigsten vorkommenden Böden.

> *The name Leptosols (from gr. leptos, thin) is used in the World Reference Base for Soil Resources to connote shallow soils overlying hard rock or highly calcareous material, and soils which have, by weight, less than 10 % fine earth material (FAO 1994, 43).*

Sie sind unter anderem in Gebieten zu finden, in denen durch Erosion eine Bodenbildung behindert wird. Leptosole kommen ebenfalls an Stellen vor, an denen durch beschleunigte Erosionsprozesse bereits ein Großteil des ehemaligen Bodenprofils abgetragen ist und die Bodenbildung erneut beginnt. Ihre Mächtigkeit ist dementsprechend sehr gering. Leptosole (vgl. Rendzinen) entstehen durch chemische und physikalische Verwitterung von Festgestein-Rohböden aus Kalkstein, Dolomit, Gips oder Tonmergel. Durch die Auswaschung von Carbonaten und Sulfaten innerhalb der chemischen Verwitterung werden Silikate und Oxide freigesetzt, die als Lösungsrückstand das Solum bilden.

> *Die Carbonate und Sulfate werden größtenteils dem Grundwasser zugeführt. Das Sickerwasser folgt dabei Gesteinsklüften, deren Wandungen ebenfalls angelöst werden, so dass in Landschaften, die aus mächtigen Kalksteinschichten aufgebaut sind, schließlich Karsthöhlen und (bei Einbruch derselben) Erdfälle entstehen (Scheffer / Schachtschabel 1982, 364).*

Der nicht-carbonatische bzw. nicht-sulfatische Lösungsrückstand ist häufig tonreich. Er ist die einzige anorganische Komponente bei der Bildung des Ah-Horizontes. Die vielfach schwarzgefärbten Kalkfelsen in Alcoy weisen auf eine Bindung von organischem Material innerhalb der Tonminerale (Dreischicht-Montmorillonit) hin. Als Tonminerale werden Verwitterungsneubildungen (sekundäre Minerale) in Sedimenten bezeichnet. In Alcoy ist das koralline Sedimentgestein vielfach sehr weich und verwittert. Vereinzelt gibt es jedoch auch harte, und daher weniger verwitterte Kalksteine, zum Beispiel als herausstehende Felsen. Gemäß dem „Soil Survey of Cebu Province“ *(vgl. DANR*

1954) werden die Böden in Alcoy als „Faraon clay“ bezeichnet.
Ihre Eigenschaften sind mit Leptosolen gemäß FAO-Klassifikation (1994) vergleichbar:

Tab. 2: The Characteristics of Faraon clay

depth of soil in cm	**characteristics**
0-20	surface soil, clayey; black with good coarse, blocky or granular structure; plastic when wet but very friable when dry; fairly rich in organic matter and highly calcareous; limestone pebbles usually present in the layer; sometimes outcrops of the underlying bedrocks extend up to the surface; roots easily penetrate through this layer.
20-30	subsoil, clayey; yellowish brown to grayish brown; good coarse granular; sticky when wet but slightly friable when dry; more carbonates in this layer than on the surface; lime rocks are also present; poorer in organic matter than the surface soil; horizon separated from the surface soil by a smooth gradual boundary.
30-80	substratum, highly weathered limestone; clayey but gritty; light gray to gray; structureless; soft, friable either wet or dry, wholly made up of carbonates; layer separated from the subsoil by an abrupt smooth boundary.
80-150	substratum of the bedrock, hard coralline limestone, gray to almost white; structureless mass; layer extends to several meters down; separated from the above layer by a gradual smooth boundary.

Department of Agriculture and Natural Resources 1954

Die Leptosole in Alcoy lassen sich in mollic Leptosols auf dem Hochplateau und lithic Leptosols an den Hängen unterteilen. Mollic Leptosols haben einen weichen, humosen Ah-Horizont. Am Hang sind die Bodenmächtigkeit und der Gehalt an organischem Material durch Erosion geringer. Die dort auftretenden lithic Leptosols sind flachgründig: bereits nach 10 cm steht harter Fels des C-Horizontes an.

Die Bodenmächtigkeit im Gebiet der Gemeinde Alcoy variiert von < 15 cm bis > 60 cm. Der Hauptteil der Fläche weist Bodenmächtigkeiten von < 15 cm oder 15-30 cm auf. Diese Böden sind insgesamt sehr flachgründig und meist steinig. Im Gemeindegebiet von Alcoy gibt es nur wenige tiefgründige Böden mit Bodenmächtigkeiten > 45-60 cm bzw. > 60 cm in den Barangays Pasol, Poblacion, Guiwang und Daanlungsod innerhalb der Küstenregion sowie im Hochland von Nug-as.

Abb. 7: Soil Depth Map (Geoplan 1995)

2.1.5 Erosionsanfälligkeit

Mollic Leptosols haben eine gute Bodenstruktur, aber aufgrund des kompakten Unterbodens ein schlechtes Infiltrationsvermögen. Aufgrund der steilen Hänge und der Bodenbeschaffenheit im Gemeindegebiet Alcoys ist der Bodenabtrag sehr hoch; an vielen Stellen ist sogar das Ausgangsgestein an der Oberfläche sichtbar. Auf den Flächen, die aufgrund ihrer Hangneigung als „Timberland“, das heißt als Flächen zur Wiederaufforstung ausgewiesen wurden, wächst derzeit anstelle des einstigen Primärwaldes überwiegend Cogongras (Imperata cylindrica).

Aufgrund der Entwaldung der Flächen ist die Lagerungsdichte der Böden (Mangel an Bodentieren) hoch, das heißt Porenvolumen und Wasserhaltekapazität der Böden sind gering. Niederschläge können kaum in den Boden eindringen und fließen stattdessen als Sturzbäche die Steilhänge hinunter. Dabei kommt es zu erheblichen Erosionsschäden, die unter anderem an den freigelegten Felsflächen des anstehenden Kalkbasisgesteins sichtbar sind. Nur 162 ha, das sind lediglich 2,7 % der Gesamtfläche von Alcoy, sind nicht erosionsgefährdet. Diese Gebiete befinden sich entlang der Küste sowie im westlichen Nug-as.

Im Küstenbereich und in Teilen von Nug-as gibt es etwa 560 ha (9,4 %) mit geringer Erosionsanfälligkeit. An steileren Hängen und im Hügelland sind Flächen mit moderater, schwerer oder sehr schwerer Erosionsgefährdung zu finden.

Tab. 3: Municipality of Alcoy: Erosion Potential

erosion potential classes	hectares of total land area*	% from total land area
no erosion	162.0	2.7
slight erosion	559.6	9.4
moderate erosion	2306.0	38.8
severe erosion	1489.7	25.0
very severe erosion	1349.6	22.7
lake	13.5	0.2
minesite	70.1	1.2
unclassified	0.2	0.0

Geoplan Cebu Foundation Inc. 1995

**total municipal land area estimated by Geoplan Foundation differs from CLUP 1985*

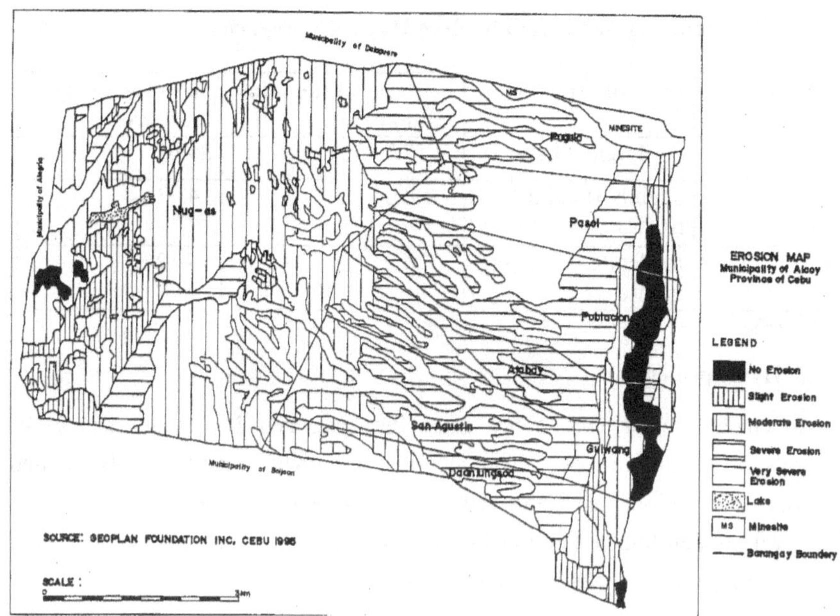

Abb. 8: Erosion Map (Geoplan 1995)

2.1.6 Überschwemmungsgefahr

Durch Überschwemmungen in der Regenzeit entstehen in Alcoy alljährlich große Schäden, landwirtschaftliche Flächen werden verwüstet und Vieh getötet. Außerdem entstehen häufig durch Starkregen, die auf vegetationsarme Flächen an Hängen treffen, Muren. Diese Schlammströme aus Wasser, Erde, Gesteinsschutt und großen Felsbrocken zerstören Gebäude, Verkehrswege und Leitungssysteme in Alcoy. Die Barangays Pugalo, Poblacion, Atabay und Guiwang sind an einigen Stellen im Hangbereich besonders von Muren betroffen. Umweltfaktoren wie Bodenart, Hangneigung, Niederschlagsintensität und Wasserstände beeinflussen den Grad der Gefährdung. Im *CLUP 1985* werden drei Kategorien unterschieden:

Tab. 4: Municipality of Alcoy: Flooding Hazard Categories

categories	description	hectares of the total land area	% of the total land area
1	no flooding hazard	5617.7	89.95
2	slightly flooding hazard	308.0	4.93
3	moderately flooding hazard	320.0	5.12

CLUP 1985

2.1.7 Hydrogeologie

Das Gemeindegebiet von Alcoy zeigt die typischen Merkmale der Karst-Hydrologie. Es gibt dort zwei hydrogeologische Einheiten: die Carcar-Island und die Barili-Formation. Die Carcar-Island-Formation ist auf 1860 ha (30 % der Gesamtfläche) zu finden. Die Barili-Formation nimmt 4383 ha (70 %) ein. Diese Formationen weisen folgende Charakteristika auf:

Tab. 5: Municipality of Alcoy: Hydrogeological Formations

carcar-island-formation	sandy, gravely and rubble beds; permeable fractured zones; sinkhole solution channels; burried drainage system yield from less than 1 gpm to 350 gpm to pump wells; yields to springs from 1 to 5000 gpm; deepest reported pumpwell 650 feet; deepest existing well 450 feet; besides the common coralline forms other micro fossils found locally and sparingly; limestone with average thickness of about 300 m, seldom less than 150 m thick; great porosity and favorable position in the geologic column; fresh water springs; provides water supply for numerous communities especially in the coastal areas.
barili-formation	similar to the carcar formation, but well yield not exceed 60 gpm; oil well tests yielded as high as 350 gpm of salty water; deepest pump-well in use 400 feet to 5000 gpm; springs in fractured and contact zones; white, hard, coralline limestone and locally porous; generally deficient in diagnostic fossils.

CLUP 1985

2.1.8 Einschränkungen der landwirtschaftlichen Nutzung

Die Mehrheit der BewohnerInnen Alcoys lebt von Erträgen der Landwirtschaft und der Küstenfischerei. Die Beschaffenheit der Böden und ihre Ertragsfähigkeit hat somit einen unmittelbaren Einfluss auf die ökonomische Situation der Gemeinde Alcoy. Insgesamt sind Bedingungen für die landwirtschaftliche Produktion aus den o.g. Gründen (Klima, Böden, Relief) ungünstig. Diese Ausgangssituation wird durch die nicht standortgemäßen Methoden der Feldbestellung und Ernte noch verschärft. Maisanbau in Monokulturen und das Fehlen von bodendeckenden Leguminosen beschleunigen die Bodenerosion und Degradation der landwirtschaftlichen Flächen. Zu den Einschränkungen der landwirtschaftlichen Nutzung zählen insbesondere:

1. Nährstoffmangel
2. Topographie
3. Wasserverfügbarkeit

1. Nährstoffmangel

Die Kalkböden der ehemaligen Brandungsterrassen in Alcoy weisen ph-Werte > 6,5 auf. Damit ist die Basensättigung, das heißt der prozentuale Anteil der austauschbaren Ca-, Mg-, K-, Na-Kationen an der Austauschkapazität, > 50 % . Nährstoffe wie zum Beispiel P und Fe sind daher nicht pflanzenverfügbar. Durch Düngung kann der Nährstoffmangel ausgeglichen werden. Leguminosen zum Beispiel führen als Gründünger dem Boden den notwendigen Stickstoff zu. Durch Schwefelammoniak-Düngung, die zu etwa 36 % aus $(Nh_4)_2SO_4$ besteht, kann der ph-Wert gesenkt werden. Die Pflanzen nehmen NH_4^+ auf, während SO_4^{2-} zur Bodenverbesserung durch Absenkung des ph-Wertes beiträgt. Wichtig ist, dass eine ausgewogene Düngung stattfindet. Außerdem muss die landwirtschaftliche Nutzung den Bodenvoraussetzungen angepasst werden. Eine Möglichkeit für die Nutzung von Kalkböden ist zum Beispiel der Anbau von Gewürznelken.

2. Topographie

Besonders in Hanglagen kann es aufgrund der Erosion kaum zu einer Bodenentwicklung kommen. Die vorhandenen Böden sind deshalb flachgründig.

Derzeit wird in Alcoy auch in extremen Hanglagen Mais angebaut. Die Erosionsgefahr bei Maisfeldern ist jedoch sowohl vor als auch nach der Ernte sehr hoch. Eine angepasstere Nutzung der Flächen oder sogar ihre Aufgabe für den Feldbau wäre sinnvoll. In erosionsgefährdeten Gebieten ist eine permanente Bedeckung des Bodens mit Vegetation notwendig.

3. Wasserverfügbarkeit

Die flachgründigen, vegetationsarmen Leptosole haben geringe Wasserhaltekapazität. Aufgrund des porösen, klüftigen Kalksteins perkoliert das Regenwasser schnell und ist nicht mehr pflanzenverfügbar. Sowohl in Küstennähe als auch an den Steilhängen ist das Pflanzenwachstum durch Mangel an Wasser einschränkt. Nutzpflanzen mit geringer Trockenheitstoleranz können daher kaum angebaut werden. Die Erträge des Maisanbaus sind aufgrund der klimatologisch und edaphisch bedingten Trockenheit sehr gering. In Hochlagen wie zum Beispiel im Barangay Nug-as ist die Vegetationsbedeckung und damit das Feuchteregime günstiger. An wenigen Stellen gibt es sogar Restbestände natürlichen Regenwaldes mit Farnen und Moosen. Durch Kombination der Aussagen von Hangneigungs-, Bodentiefen- und Erosionsgefährdungskarte lassen sich für Alcoy folgende Kategorien für die Qualität der Böden bilden:

Tab. 6: Municipality of Alcoy: Land Capability Classification

land capability classification	**criteria**	**general description**
class A	slope class: 0-8 % soil depth: > 60 cm no to slight erosion	very good land; can be cultivated safely; requiring good farm management practices
class B	slope class: 0-8 % soil depth: < 60 cm no erosion to moderate erosion	good land with slight soil condition limitation; can be cultivated safely; requires easily applicable conservation practice
class C	slope class: 9-18 % soil depth: < 60 cm moderate erosion	moderately good land with moderate soil limitation; must be cultivated with caution; requires careful management and intensive conservation practices

class D	slope class: > 19 % soil depth: < 60 cm moderate to very severe erosion	very hilly and mountainous, barren and rugged; should be reserved for reforestration and wildlife

CLUP 1985 / Geoplan Cebu Foundation Inc. 1995

Wie die „Land Capability Map" zeigt, umfasst das Gemeindegebiet von Alcoy die Klassen A bis D mit jeweils verschiedenen Nutzungspotentialen.

Das Hochplateau von Nug-as ist am besten für den Feldbau geeignet, da dort Bodenentwicklung erkennbar ist. Bislang sind die Böden jedoch auch in Nug-as relativ flachgründig und besonders in Südlagen sehr trocken. Auf carbonatischen Festgesteinen mit weniger als 10 % nicht-carbonatischen Anteilen (Ton) haben Entkalkung, Humusbildung und Bioturbation stattgefunden. Die entstandenen mollic Leptosols können in Zukunft durch weitere Entkalkung braungelbe Ton-Horizonte aus Residualton der Kalkauflösung ausbilden. Der hohe Tonanteil der Böden macht die Bearbeitung schwierig. Nach Regenfällen quellen die Tonminerale und erschweren die Feldbearbeitung. In der Küstenregion sind in den Barangays Poblacion, Atabay and Guiwang tonreiche Böden der Flächenklassen A und B zur Kultivierung vorhanden. In küstennahen, wärmeren Gebieten sind zum Beispiel mehrjährige Kulturen wie Kokospalmen oder Bananen möglich. Der derzeitige Feldbau hingegen könnte durch angepasste Bewirtschaftungsmethoden intensiviert werden. In Nug-as sind Böden und Klima für Gemüseproduktion geeignet. Allerdings nimmt bei längerer Nutzung von Leptosolen für Acker- oder Gartenbau der Humusgehalt relativ schnell ab. Dadurch werden die Böden heller, und das Bodengefüge verschlechtert sich.

Flächen der Klasse C sind vor allem auf den Steilhängen und im Hügelland zwischen der Küstenregion und dem Hochplateau zu finden. Trotz günstiger chemischer und physikalischer Eigenschaften der Leptosole sind Böden in Hanglage so flachgründig und trocken, dass sie nicht landwirtschaftlich genutzt werden können. Der Großteil der Gemeinde Alcoy besteht aus Flächen, die mit D klassifiziert sind.

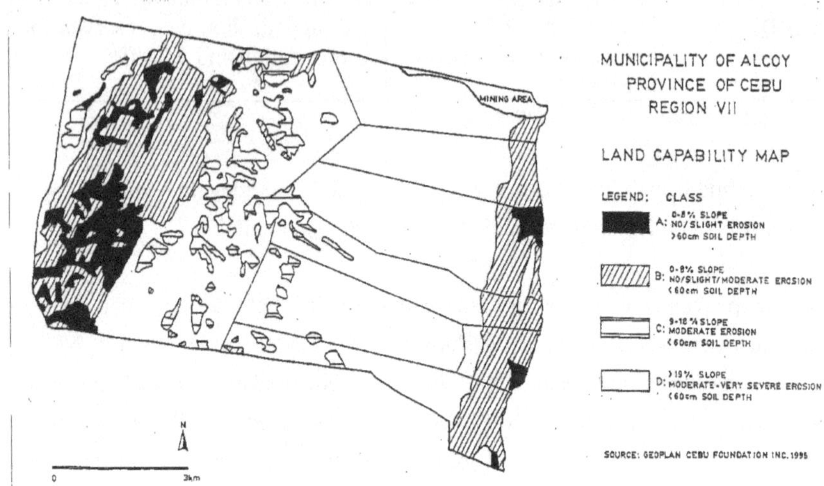

Abb. 9: Land Capability Map (CLUP 1996)

2.2 Sozioökonomisches Profil der Gemeinde Alcoy

2.2.1 Herausbildung der ökonomischen Strukturen

Die Philippinen wurden erstmals im 15. Jahrhundert von moslemischen Seefahrern kolonisiert. Anfang des 16. Jahrhunderts erreichten spanische Kolonisten die Inseln und nahmen sie als Unterkolonie des spanischen Reiches in Mexiko in Besitz. Von den Eroberern wurden der Katholizismus und ein Feudalsystem eingeführt. Die Feudalhierarchie entsprach europäischen Vorbildern und polarisierte die Gesellschaft. Es entstand eine Kluft zwischen herrschenden Landbesitzern und landlosen Bauern. Ursprünglich hatten sich die landwirtschaftlichen Flächen auf den Philippinen in gemeinsamem Besitz der Bewirtschafter befunden, die darauf angepasste Mehrfelderwirtschaft betrieben. Spanische Mönche spielten bei der Einführung der westlichen Idee des Privateigentums innerhalb einer feudalistischen Gesellschaftsordnung eine wesentliche Rolle. Dabei machten sich die philippinischen Stammesoberhäupter diese Ideen zunutze, um einen Großteil des Bodens für sich selbst zu fordern.

Die neuen, mestizischen Großgrundbesitzer wiederum pachteten von den spanischen Mönchen Land, um es an örtliche Kleinbauern weiterzuverpachten. Zusätzlich zur Pacht musste 1/3 der lagerfähigen Ernte (zum Beispiel Mais) an die „Patrons“ abgeführt werden.

Mit der Eroberung durch die USA 1898 änderten sich diese Verhältnisse wenig. Auch seit der formalen Unabhängigkeit 1946 wurden keine grundlegenden Bodenreformen durchgeführt. Die Besitzverhältnisse sind weiterhin derart unausgewogen, dass 4 % der Gesellschaft über die Hälfte des Volksvermögens verfügen *(vgl. Nohlen 1994, 566)*. In Alcoy gibt es kaum verlässliche, offizielle Angaben über die Besitzverhältnisse und die Eigentumsstrukturen. Bekannt ist jedoch, dass 90 % der Fläche im Zentrum des Barangays Poblacion in Kirchenbesitz ist. Die restlichen 10 % des Zentrums sind „Government land“. Es ist anzunehmen, dass die beschriebenen ehemaligen Feudalstrukturen mit ihren zu leistenden Abgaben auch in Alcoy neben dem staatlichen Besteuerungssystem weiterhin Bestand haben.

2.2.2 Bevölkerungsstruktur

Die Einwohnerzahl in Alcoy betrug zum Zeitpunkt der letzten offiziellen Volkszählung 10485 Personen *(National Statistics Office 1990)*. Die Siedlungsschwerpunkte liegen nach *Flieger 1994* im Zentrum der Gemeinde (Barangay Poblacion / 2097 Ew.) und im Hochland (Barangay Nug-as / 1869 Ew.). Weiterhin entsteht eine Siedlungskonzentration im Industriegebiet des Dolomit-Steinbruchs bei Pugalo und Pasol. In Alcoy werden im Jahr 2005 bei gleichbleibender Wachstumsrate von 2,5 % voraussichtlich mehr als 15500 Personen leben. Damit wird sich der Bevölkerungsdruck auf die ohnehin knappen Ressourcen weiter erhöhen. Der Anteil von Kindern und Jugendlichen ist relativ hoch: 58,9 % der EinwohnerInnen waren 1990 jünger als 25 Jahre. Die Bevölkerung Alcoys besteht aus 5376 (51,27 %) männlichen und 5109 (48,73 %) weiblichen Personen. Diese Unausgewogenheit im Geschlechterverhältnis ist auffallend. Ebenso auffallend ist die geringe Zahl von Säuglingen und Kleinkindern. Wie der Abb. 16 zu entnehmen ist, scheinen vor allem junge Frauen die Gemeinde zu verlassen, um in den Städten (Cebu City, Manila) zu arbeiten.

Dies ist eine Hinweis auf die Einbeziehung der Frauen in die Geldökonomie. Der Rückgang der Geburtenzahlen könnte auf diese Abwanderung von Frauen im gebärfähigen Alter zurückzuführen sein. Je schlechter die ökonomische Situation einer Gemeinde ist, desto größer ist die Abwanderung, vor allem der Frauen.

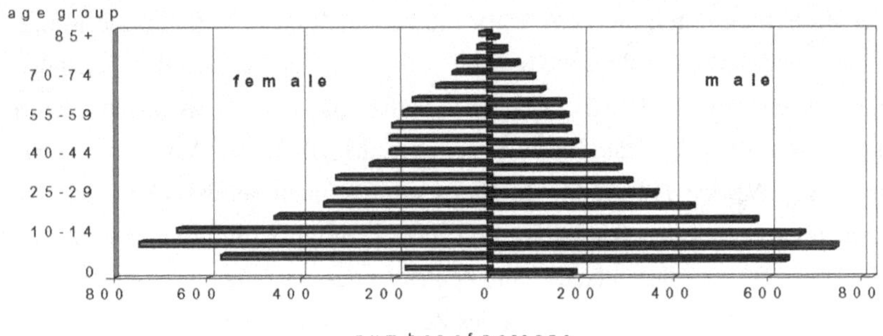

AGE	FEMALE	MALE
85	16	14
80	24	32
75	64	61
70	75	96
65	112	114
60	157	159
55	179	162
50	203	172
45	211	188
40	208	220
35	250	279
30	321	302
25	327	357
20	352	433
15	457	568
10	661	666
5	745	738
1	571	636
0	176	179

Abb. 10: Municipality of Alcoy: Population 1990 (Flieger 1994)

Bei einer Gesamtfläche der Gemeinde von 62,45 km² beträgt die Bevölkerungsdichte ca. 168 Personen pro km². Dieser Durchschnittswert erscheint relativ niedrig. Da weite Teile der Gemeinde jedoch aus Steilhängen bestehen und daher unbesiedelt sind, konzentrieren sich die Siedlungen in Alcoy an wenigen Orten. Die Bevölkerungsdichte in der Küstenregion in Poblacion und Pugalo (271 Ew. / km²), Daanlungsod (311 Ew. / km²) und Guiwang (612 Ew. / km²) liegt über dem Durchschnitt Alcoys. Die Bevölkerungsdichte in Nug-as (76 Ew. / km²) ist aufgrund der Größe der Fläche relativ gering. Auch im Hochland gibt es jedoch nur wenige, sehr dicht bewohnte Siedlungen.

Tab. 7: Municipality of Alcoy: Population per Barangay

	area	Population					pop. growth	pop. density
barangay	(km²)			Projection			(%)	(pers. /
		1980	1990	1995	2000	2005	1980-	1990
Atabay	6.75	1035	1273	1438	1653	1868	23.00	188.6
Daanlung	4.50	1046	1400	1685	1951	2348	33.84	311.1
Guiwang	1.47	794	900	964	1039	1113	13.35	612.2
Nug-as	24.36	1277	1869	2433	3484	4535	46.36	76.7
Pasol	5.80	665	1025	1405	2235	3065	54.14	176.7
Poblacion	7.72	1584	2097	2502	3102	3702	32.39	271.6
Pugalo	5.08	1183	1378	1502	1650	1798	16.48	271.3
San	6.77	540	543	545	547	549	0.56	80.2
total	**62.45**	**8124**	**10485**	**12474**	**15661**	**18978**	**29.06**	**167.9**

*Flieger 1994, *CLUP 1985*

2.2.3 Bildung

Die öffentlichen Schulen in Alcoy bieten unterschiedliche Ausbildungsmöglichkeiten für Kinder und Jugendliche. Nach Aussagen des „Department of Education Culture and Sports" (1996) gibt es in Alcoy acht öffentliche Schulen mit insgesamt 2586 SchülerInnen in der Primar-, Mittel- und Sekundarstufe. In den Schulen ist das Zahlenverhältnis zwischen Mädchen und Jungen relativ ausgewogen.

Die Belastung der LehrerInnen ist sehr hoch, da das LehrerIn / SchülerInnen-Verhältnis durchschnittlich bei 1:38 liegt. In einer Klassenstufe werden außerdem sehr unterschiedliche Altersstufen unterrichtet, da einige Jugendliche ganztägig zu Hause oder in der Landwirtschaft arbeiten müssen und sie daher die Schulausbildung jahreweise unterbrechen. Die Erreichbarkeit der Schulgebäude ist besonders im Hochland ausschlaggebend für die Teilnahme der Kinder am Unterricht.

Tab. 8: Municipality of Alcoy: Schools

name of school	no. of students 1995 / 96	no. of teachers 1996	ratio teacher/ student 1995/6	no. of barangays served	distance to Poblacion (in km)
Alcoy central school	511	15	1:34	3	0
Caidiocan primary / Poblacion	37	1	1:37	1	4
Guiwang elementary school	573	16	1:36	3	3
Lalin primary / Atabay	21	1	1:21	1	2
Nug-as elementary school	322	8	1:40	1	14
Pasol-Pugalo elementary school	347	8	1:43	2	3
San Agustin primary school	76	1	1:76	1	5
Municipal high / Poblacion	699	18	1:39	8	0
total	2586	68	1:38		

CLUP 1996

2.2.4 Siedlungs- und Infrastruktur

Alcoy liegt 92 km südlich der Provinzhauptstadt Cebu City. Die Küstenregion des Gemeindegebietes ist über den asphaltierten Highway in drei Busstunden erreichbar. Das derzeitige Siedlungsmuster der Barangays im städtischen Gebiet ist linear, da es sich am Verlauf des asphaltierten „National Highway“ orientiert. Die Siedlungen konzentrieren sich entlang der Küste, besonders im Barangay

Poblacion. Das Straßennetz der Gemeinde Alcoy erreichte im Jahr 1990 eine Länge von insgesamt 32,6 km, wobei 6 km asphaltierter Highway waren. In Poblacion sind 1,5 km befestigte Straße vorhanden; die übrigen Straßen und Wege sind Kies- oder Sandstraßen. Der Weg in das Hochland ist sehr kurvenreich, steil und lediglich einspurig befahrbar. Nug-as wird von zwei Jeepney-Bussen und einem Lastwagen zum Gemüsetransport versorgt. An Markttagen fahren zusätzlich „Tricycles“ - das sind Motorräder mit Mehrpersonenbeiwagen - und Lastwagen für Gemüsetransporte in das Hochland.

Abb. 11: Siedlungsbereich in Boljoon (RUTH 1996)

2.2.5 Wasserversorgung

Die Haushalte in der Gemeinde Alcoy werden durch unterschiedliche Wasserversorgungsunternehmen versorgt. Dabei gibt es zwei Systeme: eine direkte Versorgung (Level III) oder eine Versorgung über kommunale Wasserhähne (Level II). Das „Poblacion-Atabay Rural Waterworks and Sanitation

System“ (POATAB), die „Pasol-Pugalo Rural Waterworks & Sanitation Association Inc.“ (PAPURWASI) und die „Daanlungsod-Guiwang-San Agustin Rural Waterworks and Sanitation Association“ (DAGUISA) betreiben öffentliche Wasserpumpen des Level II und Wasserleitungen des Level III zur Versorgung mit Grundwasser. Die Barangays entlang des Highways werden über ein Leitungssystem versorgt. Den BewohnerInnen im Hochland von Nug-as stehen kommunale Pumpen zur Verfügung, die aus der Cansili-Quelle gespeist werden, während im überwiegenden Teil der anderen Hochland-Barangays der für Karstgebiete typische Wassermangel herrscht. Die einzigen Wasserquellen in diesen Gegenden sind Regenwasser, das in Zisternen gesammelt wird, und die Flüssigkeit aus Bananenstauden.

Abb. 12: Öffentliche Wasserpumpe, Level II (Ruth 1996)

2.2.6 Energieversorgung

Die „National Power Corporation“ (CEBECO) versorgt in Alcoy private Haushalte und öffentliche Gebäude entlang des Highways mit Strom. Allerdings wird diese Versorgung in unregelmäßigen Abständen durch „Brown-outs“ (Stromausfälle) unterbrochen. Zur Beleuchtung der vom Highway abgelegenen Wohnhäuser werden Kerosinlampen benutzt.

Der Dolomit-Steinbruch wird ebenfalls durch CEBECO versorgt, hat aber zur Sicherstellung einer ununterbrochenen Energieversorgung zusätzlich eigene Generatoren. Die Zahl und Verteilung der an das Stromnetz der CEBECO angeschlossenen Haushalte lässt sich der folgenden Tabelle entnehmen:

Tab. 9: Municipality of Alcoy: Electrified Households

barangay	no. of electrified households (1990)	projected no. of households (1995)	% of electrified households
Atabay	70	270	25.9
Daanlungsod	55	280	19.6
Guiwang	91	213	42.7
Nug-as	0	379	0.0
Pasol	73	269	27.1
Poblacion	198	473	41.9
Pugalo	131	277	47.3
San Agustin	0	112	0.0
total	618	2272	27.2

CEBECO 1995

2.2.7 Land- und Forstwirtschaft, Fischerei

Historisch wurde in Süd-Cebu vermutlich Wanderfeldbau betrieben. Dabei wird der Anbau nach jeweils wenigen Jahren in neue Rodungsinseln verlegt. Die Asche der dafür gefällten Bäume, der größeren Äste und des Laubs trägt zur Düngung der neu gewonnen Flächen bei. Da die Ertragsleistungen der Felder trotz der Aschedüngung relativ schnell nachlassen, müssen sie bereits nach kurzer Nutzungsdauer verlegt werden. Erst nach 20-30 Jahren können die Flächen erneut kultiviert werden. Wenn die Bevölkerungsdichte zunimmt, kann es zu einer Übernutzung der Flächen kommen, wenn die Regenerationsphasen zwischen den

Nutzungsintervallen verkürzt werden. Der Landbedarf ist beim Wanderfeldbau sehr hoch. Zur Subsistenz weniger Bauern werden große Mengen organisch gebundener Energie durch Brandrodung freigesetzt. Inzwischen wird Alcoy überwiegend landwirtschaftlich genutzt und ist fast baumlos.

In Alcoy wird hauptsächlich in Nug-as Landwirtschaft betrieben, da die landwirtschaftliche Produktivität im Hochland am höchsten ist. Die Durchschnittsgröße der Felder beträgt ca. 1-5 ha. Es werden Mais, Kartoffeln, Mohrrüben, Kohl, Bohnen und Pfeffer angebaut. Zusätzlich wird in begrenztem Maße auch Vieh, zum Beispiel Hühner, Schweine, Ziegen, Rinder und Wasserbüffel gehalten *(Municipal Agricultural Officer 1996)*. Obwohl mehr als 63 % (3968 ha) der Fläche in Alcoy vom „Bureau of Forest Development“ als Timberland klassifiziert sind, werden derzeit lediglich ca. 17 % (1097 ha) der Gesamtfläche für forstwirtschaftliche Zwecke genutzt.

In Alcoy sind laut Erhebungen des *Municipal Agricultural Officer 1994* 1654 Personen in der Fischerei tätig. Die jährliche Fangmenge in den Gewässern der Bohol-Meeresstraße beträgt 450 t (Shrimps, Makrelen). Der Fang wird auf Märkten verkauft und Ware geringerer Qualität für den Eigenbedarf verwandt. Die privaten Fischerei-Erträge sind durch die Zerstörung der Fischgründe sowie durch Überfischung zurückgegangen.

2.2.8 Handel und Industrie

Da die Produktivität der Landwirtschaft in Alcoy relativ gering ist, bleibt neben dem zur Eigenversorgung benötigten Anteil der Ernte nur ein geringer Teil für den Verkauf übrig. Zweimal pro Woche findet in Nug-as und Poblacion ein Markt statt. Weiterhin gibt es 23 private Verkaufsstände, das Geschäft einer Kooperative in Poblacion sowie mehrere „Sari-sari“- Gemischtwarenläden in den Barangays. Handwerkliche Betriebe gibt es in Alcoy nicht mehr. Im Barangay Pugalo wird seit 1981 in der „Dolomite mine“ durch eine japanische Firma auf einer Fläche von 70,1 ha Dolomitgestein abgebaut.

2.3 Fazit

Insgesamt sind die physischen und sozioökonomischen Rahmenbedingungen in Alcoy problematisch. Historisch hat die Extraktion von natürlichen Ressourcen durch die wechselnden Kolonialherren zu wirtschaftlichen und sozialen Missständen geführt.

Einerseits sind die natürlichen Gegebenheiten wie zum Beispiel Karstgeologie, geringe Niederschläge und die Lee-Lage ungünstig. Andererseits verschärfen die sozioökonomischen Bedingungen wie z. B. schlechte Verkehrsanbindung des Uplands, lückenhafte Wasser- und Stromversorgung sowie mangelhafte Gesundheitsversorgung die Lebenssituation der Menschen in Alcoy. Unangepasste Bewirtschaftungsweisen der Landnutzer verschlimmern die Situation zusätzlich. Dabei spielen die schwierigen Besitzverhältnisse, die sich seit Beginn der Kolonisierung ausgebildet haben, eine wesentliche Rolle. Abhängigkeiten der Kleinbauern stehen angepassten Bewirtschaftungsweisen und langfristigen Erosionsschutzmaßnahmen entgegen.

Auch wenn es kaum offizielle Angaben über die Eigentumsstruktur und die derzeitigen Verhältnisse zwischen Landeigentümern und Bewirtschaftern gibt, ist anzunehmen, dass die feudalistischen Grundstrukturen inoffiziell neben der demokratischen Verfassung der Philippinen weiter bestehen. Das bedeutet für die Kleinbauern eine zusätzliche Abgabenbelastung und Rechtsunsicherheit. Möglicherweise sind das Hauptgründe für den verbesserungsbedürftigen Umgang der Bauern mit dem Produktionsmittel „Land“.

Die physischen und sozioökonomischen Bedingungen haben großen Einfluss auf die Gender roles. Ein Großteil der Belastungen, besonders der Frauen, ist auf die dargestellten, extrem schwierigen physischen und sozioökonomischen Gegebenheiten zurückzuführen. Daher ist eine gender-sensible Landnutzungsplanung für Alcoy besonders wichtig.

3 Landnutzungsplanung in Alcoy unter Berücksichtigung partizipatorischer Aspekte sowie der Situation der Frauen

3.1 Praktische Erfahrung

3.1.1 Auftrag, Beteiligte der Planung

Die Gemeinde Alcoy hat im Januar 1995 das Cebu-Upland Project gebeten, den Planungsbeauftragten der Gemeindeverwaltung (Municipal Planning and Development Coordinator / MPDC) bei der Aktualisierung des Comprehensive Land-Use Plan (CLUP) von 1985 zu unterstützen. Ziel dieser Tätigkeit sollte nicht alleine die Erarbeitung des aktuellen Planes für Alcoy sein, sondern die Anleitung der Mitglieder der Gemeindeverwaltung bei der Gestaltung des Planungsprozesses ("On-the-job-training"). An den Planungsaktivitäten waren folgende Personen und Gruppen beteiligt:

- der „Mayor" (Bürgermeister) als Hauptverantwortlicher
- der Municipal Planning and Development Coordinator (MPDC), unterstützt durch eine Sekretärin, einen Zeichner sowie zwei deutsche Hospitantinnen des CUP
- die acht Barangay-Captains als gewählte Vertreter der Gemeindebezirke
- sog. Schlüsselpersonen der Municipality Alcoy (Priester, Health worker, Lehrerinnen u.a.) als Referenzpersonen
- TeilnehmerInnen der Workshops in Pugalo und Nug-as
- SchülerInnen der 6. Klasse (Level VI) der beiden Barangays.

3.1.2 Zusammenarbeit mit dem MPDC

Während der dreimonatigen Zusammenarbeit mit dem Planungsbeauftragten (MPDC) sollte dessen Arbeit von den beiden deutschen Praktikantinnen unterstützt werden. Die Sammlung der in der Lokalverwaltung in Alcoy bereits vorhandenen Daten wurde vom MPDC übernommen, während die Zusammenstellung der in der Bibliothek des CUP in Cebu City vorhandenen Literatur, der Karten und Daten von den Praktikantinnen durchgeführt wurde. Zusätzlich wurden folgende Informationsquellen ausgewertet: digitalisierte

Themenkarten für die Gemeinde Alcoy von der Geoplan-Foundation Inc. in Cebu City sowie Daten des Instituts für Populationsforschung und des Water Resource Center der San Carlos Universität in Talamban. Die Sichtung und Aufarbeitung des Materials erfolgte durch die Praktikantinnen. Dabei sollte durch regelmäßige Absprachen und Erläuterungen die Transparenz der Überlegungen und Arbeitsschritte gewährleistet werden.

3.1.3 Befragung der Barangay-Captains

Jeder Barangay-Captain in Alcoy ist der gewählte Vertreter von etwa 1000 BewohnerInnen seines betreffenden Barangays. Die Barangay-Captains wurden gebeten, in topographischen Grundlagenkarten ihres Barangays im Maßstab 1:10.000 zusätzlich die sozioökonomische Infrastruktur, Landnutzung und gefährdete Bereiche darzustellen. Zusätzlich sollten sie einen speziell für diese Themenbereiche entwickelten Fragebogen beantworten. Die Ergebnisse dienten sowohl zur Überprüfung als auch zur Aktualisierung der vorhandenen Daten.

Bei einem ersten Treffen, bei dem auch der Mayor anwesend war, wurden die Fragebögen sowie die topographischen Grundlagenkarten ausgegeben und erläutert. Nach einer Woche Bearbeitungszeit fand erneut ein Treffen mit den Beteiligten statt, bei dem die erweiterten topographischen Karten von den Captains vorgestellt wurden. Gleichzeitig begann der Rücklauf der Fragebögen. Die Auswertung der Fragebögen wurde in Zusammenarbeit mit dem MPDC durchgeführt.

Mit zwei der Barangay-Captains aus je einem Barangay der Upland- (Nug-as) und der Coastal area (Pugalo) wurde die Durchführung eines Workshops mit Schulkindern und deren Eltern vereinbart. Die Barangay-Captains informierten die Schulleiter und Klassenlehrerinnen der betreffenden Klassen und übernahmen die Einladung der TeilnehmerInnen des jeweiligen Workshops.

3.1.4 Partizipation in Form von Workshops

Aufgrund der begrenzten Bearbeitungszeit von drei Monaten war es unmöglich, den Vorentwurf des Landnutzungsplanes durchgängig partizipativ zu erstellen. Da jedoch zumindest die Leitbildfindung und die Formulierung der Entwicklungsziele des CLUP 1996 für Alcoy partizipativ stattfinden sollten, wurden die beiden Workshops durchgeführt. Mit der Auswahl der Barangays Nug-as und Pugalo sollten BewohnerInnen aus zwei sehr verschiedenen Regionen Alcoys an der Erarbeitung der Zielvorstellungen für die Gemeinde beteiligt werden. Zu den Workshops wurden jeweils gleich viele Frauen und Männer eingeladen, um mögliche Unterschiede in Bezug auf weibliche und männliche Wahrnehmungen und Sichtweisen berücksichtigen zu können. Allerdings bestand die Gefahr, dass bei der Formulierung von langfristigen Entwicklungszielen für die Gemeinde eher Vorschläge zur kurzfristigen Linderung der Armut im Vordergrund stehen könnten. Bei den Beteiligten sollten keine falschen Hoffnungen auf sofortige Linderung ihrer Armut als unmittelbares Ergebnis der eintägigen Workshops geweckt werden. Deshalb wurde nach Möglichkeiten gesucht, wie die Aufmerksamkeit der Teilnehmenden auf Vorstellungen für die Zukunft konzentriert werden konnte.

Zu diesem Zweck wurden die Workshops in zwei Teile gegliedert:
1. Teil: Vormittags sollten mit Hilfe von SchülerInnen der 6. Klassen der Grundschulen der jeweiligen Barangays Zukunftsvorstellungen mittels Zeichnungen erarbeitet werden. Den Kindern wurde die Aufgabe gestellt, ihre Zukunftsvorstellungen für das Barangay zu malen. SchülerInnen diesen Alters sind häufig eher als Erwachsenen in der Lage, ihre Wünsche und Ideen darzustellen, ohne zu reflektieren, ob ihre Vorstellungen zu verwirklichen sind. Diese Unbefangenheit beim Malen der Vorschläge sollte den Erwachsenen helfen, sich auf die Zukunftsvisionen für die Barangays zu konzentrieren.

Im 2. Teil des Workshops am Nachmittag sollten die Eltern der Kinder die Zeichnungen interpretieren. Davon ausgehend sollte eine Diskussion über Möglichkeiten, Perspektiven und Entwicklungsziele stattfinden.

Im folgenden werden Verlauf und Ergebnisse der beiden Workshops kurz dargestellt:

Der erste Workshop fand in Pugalo, einem Barangay der Küstenregion, statt. Die Moderation wurde von einem philippinischen CUP-Mitarbeiter unter Mithilfe des MPDC von Alcoy übernommen. Der Workshop gliederte sich in die beiden oben genannten Phasen:

1. Vormittags wurden 15 Schülerinnen und 19 Schüler im Alter von 11 bis 16 Jahren beauftragt, innerhalb von 50 Minuten ein Bild zu malen. Anschließend sollten sie erläutern, wie sie sich ihre Umgebung und ihr Leben im Jahre 2006 vorstellten. Dabei sollten die Aspekte „Familie", „Beruf" und „Umwelt" besonders berücksichtigt werden. Alle SchülerInnen zeichneten Häuser in regionstypischer Bauweise. Auf vielen Zeichnungen waren weiterhin Berge, Meer und Fischerboote sowie Reis- und Maisfelder dargestellt. Manche SchülerInnen hatten ihr Schulgebäude mit Fahnenmast gezeichnet. Auf einem Bild waren asphaltierte Straßen und ein Flugzeug dargestellt. Mit Hilfe der Lehrerin wurden im Anschluss an das Zeichnen je ein Junge und ein Mädchen bestimmt, die im zweiten Teil des Workshops die Ergebnisse den Erwachsenen vorstellen sollten.

2. Nachmittags wurden der Barangay council von Pugalo, der aus 15 ausschließlich männlichen Mitgliedern besteht, sowie dementsprechend viele Mütter der Schulkinder eingeladen, damit Frauen und Männer gleichmäßig repräsentiert waren. Anwesend waren allerdings überwiegend Frauen (28) sowie lediglich ein Ratsmitglied bzw. zeitweise der Barangay-Captain. Die teilnehmenden Erwachsenen sollten, nachdem die Kinder die Zeichnungen erläutert hatten, Möglichkeiten formulieren, wie diese Ideen verwirklicht werden könnten. Die Beiträge wurden von den Teilnehmerinnen auf Karten notiert und anschließend an einer Pinnwand für alle sichtbar ausgestellt.

Abb. 13: SchülerInnen beim Workshop in Pugalo (RUTH 1996)

Folgende Vorstellungen wurden dabei geäußert:

- Verbesserung der Schulbildung und der Weiterbildungsseminare
- Umwelterziehung und Wiederaufforstung
- Verbesserung der Ernährungssituation und Gesundheitsversorgung
- Hoffnung auf Gottes Hilfe
- Frieden und Kooperation unter den Menschen
- Verantwortungsbewusste, starke Führungspersonen
- Verhindern des Drogenkonsums und der Spielsucht der Männer
- Änderung der Eigentumsverhältnisse
- Finanzielle Unterstützung

Mit Hilfe des Moderators wurden die Karten anschließend verschiedenen Themenbereichen zugeordnet. Diese Bereiche wurden eingehend diskutiert.

Abschließend formulierten die Mütter daraus folgende Vision als Entwicklungsperspektive für Pugalo:

> *Usa ka katiungban nga nagkahiusa ug nagtinabangay alang sa katumanan sa mga pangandoy sa kabataan inabagan sa maa lig-on nga mga lider, nagpuyo sa usa ka limpyo nga palibot, nga anaa ang kahusay ug kalinaw, nagsalikway sa mga bisyo, nag panalipod sa kinaiyahan ug maymaayong kinaiya nga katawhan, anaa sa maayong panglawas ug anaay kaakuhan paningkamot pag-pangita sa kapanginabuhian (Originalwortlaut in Cebuano).*

A community united in the spirit of cooperation, in an effort to attain the goals and visions of the children and supported by strong and capable leaders. The people living in a clean, peaceful and wholesome community, shunning out vices and safeguarding the environment. People endowed with positive attitude, in good health and with capacity to look for means of livelihood. *Workshop-poster of Pugalo, 9. July 1996 (Übersetzung des Cebuano-Originalwortlautes)*

Die Methode eines Workshops mit SchülerInnen und deren Eltern wurde auch im Hochland-Barangay Nug-as angewandt. Im Unterschied zu den SchülerInnen in Pugalo malten und erläuterten die 11 Jungen und 20 Mädchen der 6. Klasse im Alter von 12-17 Jahren in Nug-as ihre Bilder äußerst zurückhaltend. Auch deren Mütter (18) und Väter sowie Mitglieder des Gemeindebezirksrates (13) waren wesentlich zurückhaltender und überließen oft dem Barangay-Captain das Antworten.

Die Antwortkarten der TeilnehmerInnen wurden geschlechtsdifferenziert gekennzeichnet. Bei der Zusammenstellung der Karten konnten so Unterschiede in den Schwerpunktsetzungen von Frauen und Männern festgestellt werden. Für die Frauen waren die Probleme „Drogenkonsum“ und „Spielgewohnheiten“ der Männer ein wichtiges Thema. Dieser Aspekt wurde auf keiner der männlichen Karten erwähnt. Auf Karten der Männer wurden dagegen die Aspekte „Aufforstung“ und „Elektrizität“ besonders häufig genannt.

In der folgenden Aufstellung sind die Hauptaspekte der Vorstellungen zusammengefasst:

- Unterstützung und Schulbildung für die Kinder (13 weibliche Nennungen, 12 männliche)
- Disziplin und gutes Benehmen der Kinder (7 w, 8 m)
- Umwelterziehung und Aufforstung (5 w, 10 m)
- Elektrizität für Nug-as (5 w, 7 m)
- Einkommenssteigerung (4 w, 4 m)
- Instandsetzung der Wege (4 w, 3 m)
- Wasserversorgung (2 w, 3 m)
- Verhindern des Drogenkonsums und der Spielsucht der Männer (4 w, 0 m)
- Getreidemühle für Nug-as (3 w, 0 m)

Abb. 14: SchülerInnen beim Workshop in Nug-as (Ruth 1996)

Ebenso wie im vorangegangenen Workshop in Pugalo fasste der Moderator die Vorschläge der Eltern und Gemeinderatsmitglieder zusammen. Dabei war auffällig, dass in Nug-as der Barangay-Captain, unter Umständen aufgrund seiner vorherigen Erfahrungen als CUP-Mitarbeiter, tonangebend war. Folgende Vision wurde als Entwicklungsperspektive für Nug-as formuliert:

A peaceful, progressive, happy community with good relation among the people, with profitable livelihood, protective of the natural resources, respectful children and respective of each other, participating and cooperating in group activities towards a sustainable development of Nug-as.

Workshop-poster of Nug-as, 17. July 1996 (Übersetzung des Cebuano-Originalwortlautes)

Diese Gedanken und Zielvorgaben wurden anschließend in das Leitbild des Landnutzungsplanes für Alcoy eingearbeitet. Die TeilnehmerInnen der Workshops äußerten ihrerseits den Wunsch, in Zukunft an Planungen entscheidend mitzuwirken und somit an der Entwicklung der Barangays beteiligt zu sein.

3.2 Frauenbezogene Analyse der Planungsvoraussetzungen

3.2.1 Lebensbedingungen von Frauen auf den Philippinen

Auf den Philippinen besteht von Regierungsseite eine „National Commission on the Role of Filipino Women" (NCRFW), die sich unter anderem mit Fragen der Prostitution, Gewalt, Familie und Kultur sowie mit Frauenbildern in der Werbung beschäftigt. Die Kommission veröffentlichte 1995 den „Philippine Plan for Gender-Responsive Development 1995-2025". Die Philippinen sind damit eines der wenigen Länder, in denen es einen Entwicklungsplan für Frauen gibt. Allerdings ist dessen Implementierung verbesserungsfähig. Im Jahr 1992 wurde der „Republic Act 7192" veröffentlicht:

> *It is an act promoting the integration of women as full and equal partners of men in development and nation building. This law requires that a substantial portion of official development funds be used to support programs and activities for women (WIDAP 1993, 1).*

Viele Filipinos und Filipinas halten die „Frauenfrage“ damit für gelöst, vor allem, nachdem von 1986 bis 1992 das Präsidentschaftsamt von Frau Corazon Aquino ausgeübt worden ist. Trotz der scheinbaren Gleichberechtigung unterscheiden sich die Möglichkeiten von Frauen und Männern insbesondere in den Bereichen Bildung, Arbeit, Gesundheit, Familie und politischer Einflussnahme erheblich.

Licuanan beschreibt die Lebensumstände von Frauen in der philippinischen Gesellschaft wie folgt:

> *Focusing the problems of women in the Philippines today does not in any way deny the genuine positive aspects of the situation of women in our society such as their high educational status, the egalitarian patterns of decision making in the familiy, the formal acceptance of the equality of women in our basic laws and conventions, and the absence of the most blatant forms of discrimination against women that may exist in some countries and cultures. (...), despite the veneer of equality, formal and informal discrimination against women does exist in our society. These disadvantages for women exist on all levels, but are greatest among the poor, among whom the poor woman suffers most. In a country where great inequities exist between rich and poor, some (...) are more unequal than others (Licuanan 1993, 15).*

Von einigen Problemen sind Frauen der Mittel- und Oberschicht weniger betroffen als ärmere Filipinas. Die meisten Schwierigkeiten beeinträchtigen jedoch alle Frauen. Die Chancen von Mädchen und Jungen, eine Grundausbildung zu erhalten, sind noch ähnlich hoch. Der Alphabetisierungsgrad von Frauen und Männern ist annähernd gleich. Die Einschreibequoten der Frauen zum Beispiel in den Bereichen Sozialarbeit, Gesundheitswesen, Erziehungswissenschaften und Rechnungswesen an Universitäten sind höher, während sie in den Fachrichtungen Architektur, Jura, Auslandsbeziehungen und Ingenieurwesen niedriger als die der Männer sind. Im informellen Bildungsbereich sind die Weiterbildungsmöglichkeiten für Frauen und Männer deutlich unterschiedlich.

> *In general, sex-stereotyped programs where women learn skills that are extensions of their household chores while men acquire technical skills, only aggravate the already unequal opportunities available for women.*

> *Present nonformal education courses do not offer women competitive job market skills while men learn marketable skills and enjoy higher incomes and earning power (Licuanan 1993, 16).*

Bei der Besetzung von Arbeitsplätzen treten ebenfalls Unterschiede auf. Eine von der NCRFW erstellte Studie (1995) zeigt, dass 87 % der Filipinos und lediglich 52 % der Filipinas einen offiziellen Arbeitsplatz besitzen. Das gilt für alle Altersgruppen, wobei die Zahl junger, weiblicher Beschäftigter noch geringer ist. Wie in den unterschiedlichen Studienrichtungen lässt sich auch bei der Besetzung von Arbeitsplätzen eine Dominanz der Männer in technischen Berufen feststellen, während Frauen häufiger im Dienstleistungssektor und in sozialen Bereichen tätig sind. Wenn Frauen eine Arbeitsstelle gefunden haben, werden sie oft für gleiche Leistungen geringer entlohnt als ihre männlichen Arbeitskollegen. Sie besetzen vielfach niedrigere Positionen, in denen die Arbeit häufig anstrengend und gesundheitsgefährdend ist. Als Mütter sind sie in den meisten Fällen doppelt belastet, da sie neben der Erwerbstätigkeit für die Kinderversorgung und Haushaltsführung verantwortlich sind. Im Beruf werden sie seltener befördert und haben kaum Zugang zu Innovationen und neuen Technologien. Außerdem sind weibliche Angestellte häufig die ersten, die entlassen werden, wenn Entlassungen stattfinden. Die ungünstige Beschäftigungslage für Filipinas im eigenen Land hat weitreichende Konsequenzen:

> *Because of the continuing inability of the Philippine economy to absorb employable labor, more and more women are going abroad to work. Aside from the problems of illegal recruitment, contract substitution and violation, unregulated working hours, forced enslavement, prostitution and physical and sexual exploitation, perhaps even more serious are the possible long-term effects on our society of the mass export of Filipino workers, particularly of women. What is its impact on the Filipino family as an institution? (...) Are we becoming the domestics and bar girls of the world?(Licuanan 1993, 21)*

Neben den ungleichen Beschäftigungsmöglichkeiten für Frauen und Männer auf den Philippinen ist auch die politische Beteiligung auf kommunaler, regionaler und nationaler Ebene unausgewogen. Ein Grund dafür ist die traditionelle Rollen- und Arbeitsverteilung. Diese allgemeinen Aussagen gelten auch für die Situation der Frauen in Alcoy.

3.2.2 Situation der Frauen in San Agustin / Alcoy

Die Lebensbedingungen für Frauen und Männer sind auch am gleichen Ort meist sehr unterschiedlich.

> *...men's and women's lives are constituted differently, and their situation varies with the opportunities given them by society. The women in the three communities of Cebu share many characteristics of other Filipino women. They are tied to their traditional roles as mothers, wives and housekeepers, even as they also have to earn living to augment family income (WIDAP 1993, 36).*

Die Situation der Frauen in Süd-Cebu unterscheidet sich von der anderer Filipinas, da die Gemeinden im Süden zu den ärmsten der Philippinen gehören. Die degradierte Umwelt und die verarmten Ressourcen stellen außerordentliche Anforderungen an Frauen dar, da diese für die Führung der Haushalte verantwortlich sind. Die Belastung der Frauen steigt mit zunehmender Degradierung der Umwelt. Die Arbeitszeiten der Frauen werden länger und die Arbeitsabläufe beschwerlicher. Beispielhaft wird im folgenden die Situation der Filipinas in San Agustin dargestellt:

Das Barangay San Agustin liegt im bergigen Gemeindegebiet Alcoys zwischen Küstenzone und Hochplateau. Viele Steilhänge der Karstberge sind von Erosion betroffen. Auf der Barangay-Fläche von 6,77 km^2 leben 543 EinwohnerInnen. In San Agustin gibt es keinen Laden, keine Stromversorgung, kein Gesundheitszentrum, keine Mehrzweck- oder Gemeindehalle. Das Gebiet ist vom 3 km entfernten, asphaltierten National Highway nur über einen steilen, felsigen Weg zu erreichen. Öffentliche Transportmittel existieren nicht. Die Wege innerhalb des Barangays und zum nächstgelegenen Markt sind nur in der Trockenzeit passierbar.

> *The inaccessibility of the Cebu uplands to public vehicles makes it difficult for government workers without appropriate means to visit the communities more often than once a month. This situation is compounded by the unavailability of medicine and health care centers in the three barangays (WIDAP 1993, 24).*

Die meisten Familien verfügen über kein stabiles und ausreichendes Einkommen. Sie leben in ärmlichen Wohnverhältnissen und ihr Bildungsstand ist gering. Frauen haben oft lediglich die ersten Jahre der Grundschule besucht. Den Kindern des Barangays steht nur eine Grundschule mit einer Lehrerin für 76 SchülerInnen der ersten bis vierten Klasse zur Verfügung.

> *The view that women need not go to school since they are going to get married anyway is still prevalent among the people who believe that women should be staying home to do household chores. Women's capability to perform various roles or tasks apart from the reproductive role they traditionally assume remains unrecognized in the barangay (WIDAP 1993, 20).*

Die Wasserversorgung der Haushalte in den Siedlungen Cang-ampok (9 Haushalte), Mangait (11 Haushalte) und Can-ilog (12 Haushalte) erfolgt ausschließlich durch Auffangen von Regenwasser und die Nutzung der Flüssigkeit aus Bananenstauden. Aufgrund der Wasserknappheit stehen die Frauen während der Trockenzeit vor Sonnenaufgang auf, um aus den Bananenstauden Wasser zu zapfen. Dieses lagern sie tagsüber an einem kühlen Ort, damit es so lange wie möglich genießbar bleibt. Gemeinsam mit Kindern und Jugendlichen im Alter von 10-15 Jahren müssen die Frauen im Laufe des Tages zur Wasserstelle gehen, um den täglichen Wasserbedarf des Haushalts zu decken. Außerdem sammeln sie das notwendige Brennholz. Die BewohnerInnen der Siedlungen in Cansalingsing (17 Haushalte) und Proper (59 Haushalte) sind auf Wasser aus der 4 km bzw. 3 km entfernten Pumpe in Guiwang angewiesen. Wegen der Wasserknappheit und der großen Entfernungen bis zur nächstgelegenen Wasserquelle können die BewohnerInnen San Agustins nur einmal wöchentlich (teilweise sogar nur einmal pro Monat) ihre Wäsche waschen. Nur knapp die Hälfte aller Haushalte verfügt über Aborte.

Je knapper die Wasser- und Holzvorkommen der Umgebung werden, desto länger werden die damit verbundenen Fußwege. Durch das Gländerelief und die eingeschränkte Mobilität ist das Zurücklegen der Wegstrecken sehr zeitaufwendig. Die fortschreitende Verknappung der Ressourcen bedeutet für die Frauen immer längere Arbeitstage.

Trotz ihrer Verantwortung für die Kinder und die Hausarbeit sind Frauen in San Agustin zusätzlich in der Landwirtschaft tätig. Der Anbau von Mais, Süßkartoffeln, Karotten, Kokosnüssen, Bananen, Jackfrüchten und Guyabanos ist aufgrund des Wassermangels, des anstehenden Kalkgesteins und des bewegten Reliefs äußerst erschwert. Die spärlichen Erträge sind dementsprechend häufig bereits vor der nächsten Ernte aufgebraucht. In geringerem Maße werden zusätzlich Pflanzen angebaut, die die Frauen zur Herstellung von Körben (Kokosnussrippen), Matten (Romblon) oder zur Papierherstellung (Salago) verwenden.

Einige Bewohnerinnen San Agustins sind in einer Mutter-Kind-Gesundheitskooperative organisiert, mit deren Hilfe sie versuchen, das Problem der Mangel- und Unterernährung ihrer Kinder zu bekämpfen. Aufgrund der bevorzugten Verteilung der Nahrungsmittel an Männer und Jugendliche im arbeitsfähigen Alter leiden Frauen, besonders Schwangere, häufig an Schwäche und Unterernährung sowie an Krankheiten wie Anämie, Grippe, Parasitenbefall, Magendarmleiden und Hautallergien.

Im Juni und Juli 1993 wurden in Zusammenarbeit mit dem CUP in drei verschiedenen Barangays des Hochlandes im Süden der Insel Cebu mit Frauen Workshops durchgeführt. An diesen Workshops nahmen auch Frauen aus San Agustin teil.

> *For the women envolved in the Focused Group Discussions (FGD) the chance to talk and listen about their predicaments was a key point in the raising of their consciousness. (...). Though the FGD participants validated and even elaborated on most of the findings, what was new to them was the experience of being asked to comment on all these problems in one session. (...). The initial reaction of the women might well have been: <Ano'ng alam ko d'yan?> or <Malay ko, e hindi naman ako opisyyal sa gobierno> (WIDAP 1993, 4). (Was weiß ich denn von solchen Dingen? Ich bin doch keine Offizielle der Regierung!)*

Die Teilnehmerinnen erarbeiteten gemeinsam mit einer philippinischen Moderatorin mehrere Tätigkeitsprofile, aus denen sich die Arbeitsverteilung in ihren Haushalten und die Problembereiche ablesen lassen: Die Frauen des Workshops gaben an, dass mit Ausnahme von komplizierten Reparaturen die Verantwortung für den Haushalt vollständig bei ihnen liege. Dazu gehörten Tätigkeiten wie die Beschaffung von Wasser und Brennholz, die Kinderversorgung, waschen, putzen, kochen und die Versorgung der Tiere (Schweine, Hühner, Ziegen). Zusätzlich arbeiteten sie in der Landwirtschaft. Arbeitszeiten von 16 Stunden pro Tag seien üblich. Trotzdem schätzten die Frauen den Wert ihrer Arbeitsleistung gering ein. In einigen Familien ist die Mutter den größten Teil des Jahres alleine im Haushalt und zusätzlich auf den Feldern tätig, da eine wachsende Anzahl von Männern weit entfernt vom Wohnort als Hilfsarbeiter, Hochseefischer oder sogar im Ausland und auf internationalen Frachtschiffen Arbeit sucht. Das kann auch der Fall sein, wenn die Mutter mit den Kindern getrennt von ihrem vormaligen Ehemann lebt. Offizielle Scheidungen sind unüblich.

Die familiären Entscheidungskompetenzen zwischen Männern und Frauen sind ungleich verteilt. In der Landwirtschaft entscheiden die Männer, welche Produkte angebaut werden, während die Frauen das Saatgut auswählen.

Frauen sind auch für die Einteilung der Haushaltsprodukte zuständig, was auf Grund der Knappheit eher eine Bürde ist als dass es Entscheidungsfreiheit gewährt. Das wegen geringer landwirtschaftlicher Erträge und hoher Arbeitslosigkeit knappe Bargeld macht den Einkauf der Lebensmittel und die Versorgung der Kinder zu einem großen Problem. Viele Männer verschwenden trotzdem für Glücksspiele, den sonntäglichen Hahnenkampf und Alkohol die wenigen Finanzmittel, die den Frauen zur Führung und Unterhaltung des Haushaltes zur Verfügung stünden. Die Mehrheit der Teilnehmerinnen des Workshops bezeichnete dieses Problem als besonders gravierend, da sie oft bis zu 15 Kinder zu ernähren haben.

Die Entscheidungen über Sexualität werden in den Ehen ausschließlich von den Männern getroffen. Auch aus religiösen Gründen kommen Mittel zur Empfängnisverhütung kaum zum Einsatz. Vergewaltigungen und andere Formen der Gewalt von Männern Frauen gegenüber sind verbreitet und werden meist durch Alkoholkonsum ausgelöst. Die moralischen Maßstäbe, nach denen das Verhalten von Frauen und Männern in der Gesellschaft jeweils beurteilt wird, sind zudem sehr unterschiedlich.

> *It is generally accepted both by women and men that women should be devoted and faithful to their husbands. The expectations from husbands are considerably less strict and thus, should a husband stray, his behaviour is tolerated (Licuanan 1993, 25).*

Im zweiten Teil des Workshops entwickelten die Frauen Ideen und Vorschläge, wie sie ihre Situation verbessern könnten. Sie meinten, dass durch intensivere Viehzucht und die zusätzliche Herstellung von Matten, Seifen, Kleidern und Kerzen Einkommen vergrößert werden könnten. Dafür sei auch der Verkauf von Fisch und gekochtem Essen geeignet. Da ihnen für längerfristige Vorhaben das notwendige Startkapital fehle, sollten die Dienste der Kreditkooperativen erweitert und auch Frauen zugänglich gemacht werden. Ein weiterer Aspekt sei eine verstärkte Zusammenarbeit unter den BewohnerInnen, da durch gegenseitige Unterstützung einige Probleme besser zu lösen seien. Die medizinische Versorgung und andere soziale Dienste sowie die Transportsituation müssten mit Hilfe der Gemeindeverwaltung verbessert werden.

3.3 Auswertung und Kritik der praktischen Erfahrungen in Alcoy

3.3.1 Partizipatorische Ansätze und Defizite im Planungsprozess

Auf den Philippinen hat seit 1992 ein Dezentralisierungsprozess begonnen, dessen Grundlage der „Local Government Code" (LGC) von 1991 ist. Der LGC stärkt die Autonomie von Landkreisen und Gemeinden. Im folgenden sind einige wichtige Ausschnitte des Local Government Code, Book 1, Title 1, Section 2 zusammengestellt:

Sec.2 f: Local government units may group themselves, consolidate or coordinate their efforts, services, and resources for purposes commonly beneficial to them;

Sec.2 g: Capabilities of local government units, especially the municipalities and barangays, shall be enhanced by providing them with opportunities to participate actively in the implementation of national programs and projects;

Sec.2 i: Local government units shall share with the national government the responsibility in the management and maintenance of ecological balance within their territorial jurisdiction, subject to the provisions of this Code and national policies (DILG / LGC 1991).

Die dadurch signalisierten Bemühungen um Dezentralisierung und die damit verbundene Stärkung der Entscheidungskompetenz kleinerer Verwaltungseinheiten kommt partizipatorischen Ansätzen entgegen. Allerdings gibt es trotz der Möglichkeiten, die seit Inkrafttreten des Local Government Code theoretisch geschaffen worden sind, zahlreiche Schwierigkeiten bei der Umsetzung.

In Alcoy sind partizipatorische Arbeitsweisen bislang unüblich oder sogar unbekannt. Sie lassen sich nur schwer in das bestehende gesellschaftliche System, in dem Hierarchien und streng abgegrenzte Zuständigkeitsbereiche die Regel sind, integrieren.

Die Aufgabe der deutschen Praktikantinnen bestand in der Unterstützung des philippinischen Planungsbeauftragten und seiner MitarbeiterInnen. In diesem Rahmen hätte der Planungsprozess in zweifacher Hinsicht partizipatorisch gestaltet werden können: einerseits in der Zusammenarbeit und Schulung der Planungsverantwortlichen durch die externen Praktikantinnen, andererseits im internen Vorgehen des MPDC der philippinischen Planungsstelle. Da in Alcoy nur wenige Erfahrungen mit Planung vorhanden waren, wurde auf einen kooperativen Arbeitsprozess ausdrücklich Wert gelegt. Diese Kooperation gestaltete sich allerdings schwierig. Auf philippinischer Seite wurde eine gewisse freundliche Erwartungshaltung deutlich, die im Kontrast zur erwarteten Eigeninitiative stand. Dieses Verhalten schien anfangs unverständlich, bis im Laufe der drei Monate mehr von der philippinischen Gesellschaft mit ihren speziellen Verhaltensnormen, Hierarchien und Arbeitsweisen verständlich wurde. Anfangs war es unter diesen Bedingungen kaum möglich, den Arbeitsplan sowie die Aufgabenverteilung gemeinsam mit den Mitarbeitern der Gemeindeverwaltung zu erstellen. In einem partizipatorischen Prozess müsste dagegen die Initiative, zum Beispiel mit Vorschlägen zur Arbeitsverteilung, von den Beteiligten vor Ort selbst ausgehen. In diesem Fall jedoch erfolgten sogar Sammlung und Aufarbeitung der Daten unter externer Anleitung.

Eine Methode im Planungsverlauf war die Einbeziehung der Barangay-Captains von Alcoy. Der MPDC übernahm die Verteilung, Besprechung und Auswertung der Fragebögen und der ergänzten Grundlagenkarten. Die Diskussion der Ergebnisse fand in Form eines Arbeitstreffens mit den Beteiligten statt. Eine weitere partizipative Methode war die Durchführung der beiden Workshops in Pugalo und in Nug-as. Dabei sind, wenn auch in begrenztem Maße, Teile der Bevölkerung bei der Leitbildfindung der Entwicklungsperspektive ihres Barangays und Alcoys zu Wort gekommen. Diese Workshops wurden allerdings nicht von den Betroffenen selbst moderiert; sie waren lediglich TeilnehmerInnen.

Insgesamt ist die Planung in Alcoy nur in Ansätzen partizipativ verlaufen. Um einen durchgängigen Partizipationsprozess in Gang zu setzen, bedarf es weit genauerer Analysen der sozialen Rahmenbedingungen. Es ist zu hoffen, dass die diesbezüglichen Anregungen in Alcoy aufgegriffen und sowohl von der Gemeindeverwaltung als auch vom philippinischen Planungsbeauftragten in Zukunft weiterverfolgt werden.

3.3.2 Gender-relevante Defizite der Landnutzungsplanung

Die Aktualisierung des CLUP hat im Rahmen der vorhandenen Strukturen stattgefunden. Er kann deshalb nicht als gender-sensibel angesehen werden. Für eine geschlechterdifferenzierte Betrachtungsweise hätten eine Vielzahl von zusätzlichen Daten neu erhoben werden müssen.

Nach eingehenden Diskussionen mit dem Planungsbeauftragten der Gemeinde wurde dieses Vorhaben aber nicht verwirklicht.

Um jedoch wenigstens die Notwendigkeit eines gender-sensiblen Planungsprozesses zu verdeutlichen, wurden diese Aspekte bei der Planung der Workshops in den Vordergrund gestellt. Bei deren Durchführung kamen Gender-Belange allerdings wegen der unausgewogenen Beteiligung kaum zum Tragen. Bei der Auswertung der Ergebnisse konnten dennoch unterschiedliche Prioritäten von Frauen und Männern festgestellt werden. Allerdings waren diese Ergebnisse nicht ausreichend, um allen Beteiligten ein Bewusstsein für die Notwendigkeit von gender-sensiblen Planungsvorgängen verdeutlichen zu können. Die Aussagen des Alcoy CLUP 1996 sind dementsprechend ergänzungsbedürftig. Die bislang fehlenden Daten müssten erhoben und eine Gender-Analyse durchgeführt werden.

Im folgenden werden einige Bereiche angeführt, für die in den vorhandenen Quellen noch keine gender-relevanten Daten für das Gemeindegebiet Alcoy vorliegen.

Datenlücken im Bereich „physische Grundlagen“:

- Böden: Welche zusätzlichen Belastungen entstehen für Frauen, wenn die Böden karg und schwer zu bearbeiten sind ?
- Wasserversorgung: Welche Auswirkungen hat der Wassermangel auf den Alltag der Frauen und die Subsistenzproduktion ?
- Brennstoffvorkommen: Wie reagieren Frauen auf die zunehmende Brennholzknappheit ?
- Pflanzliche Ressourcen: In welchem Ausmaß werden Pflanzen, die noch keine Cash crops sind, angebaut, um Frauen die Möglichkeit eines Zusatzeinkommens zu schaffen ?

Datenlücken im sozialen Bereich:

- Bevölkerung: Wieviele alleinerziehende Mütter gibt es ? Welche Personen wandern in städtische Gebiete aus, um Arbeit zu suchen ? Wie verändert sich dadurch die Demographie der Gemeinde, die Zusammensetzung der Haushalte sowie die Verteilung der Arbeit auf die Familienmitglieder ?

- Infrastruktur: Welcher Zusammenhang besteht zwischen der Ausstattung mit Infrastruktur wie zum Beispiel Elektrizität, Wegen, Märkten oder Schulen und der Arbeitsbelastung der Frauen ?
- Partizipation: Aus welchen Gründen nehmen Frauen seltener Bildungsangebote wahr ? Welche Tätigkeiten vernachlässigten sie, um anwesend sein zu können ?

Datenlücken im Bereich der Arbeitsteilung und des sozialen Status':

- Hausarbeit und Kindererziehung: In welchem Maße werden Frauen durch die Mehrfachbelastungen, die durch Tätigkeiten im Haushalt, innerhalb der Kindererziehung und durch Arbeiten in der Landwirtschaft entstehen, beeinträchtigt ?
- Einkommen: Wo und unter welchen Bedingungen arbeiten Frauen, die Einkommen erzielen ?
  Wieviele Mädchen und Frauen müssen die Schulausbildung vorzeitig beenden, um in anderen Bereichen tätig zu werden ?
- Finanzierung: Unter welchen Bedingungen werden Frauen Kredite gewährt ?
- Informationen: Welche Informationsquellen stehen Frauen zur Verfügung ?
- Eigentum: Gibt es Frauen, die über Eigentum verfügen ? Wie wirkt sich das auf die Position dieser Frauen aus ?
- Gesundheit: Wie reagieren Frauen auf die mangelhafte Ausstattung mit Gesundheitseinrichtungen ? Welche Positionen vertreten sie im Bereich der Familienplanung ?

4 Möglichkeiten und Grenzen von partizipatorischen, gender-sensitiven Ansätzen in der Landnutzungsplanung

Aufgrund der Schwierigkeiten und Defizite der Landnutzungsplanung in Alcoy hinsichtlich Partizipation und Gender-Sensibilität stellt sich die Frage, welche Möglichkeiten diesbezüglich existieren. Im folgenden werden zwei partizipatorische Ansätze vorgestellt und verglichen. Weiterhin ist eine Möglichkeit, wie eine Gender-Analyse durchgeführt werden könnte, dargestellt. Die Instrumente der Gender-Analyse sind noch nicht ausgereift. Sie sind als ein Ansatz zu verstehen, wie die bestehenden Ungleichgewichte zwischen Frauen und Männern teilweise sichtbar gemacht werden können.

Die abschließenden Überlegungen problematisieren die Berücksichtigung dieser Aspekte in der Entwicklungszusammenarbeit.

4.1 Partizipatorische Ansätze

4.1.1 Rapid Rural Appraisal (RRA)

Für Projekte der Entwicklungszusammenarbeit müssen Daten über die sozioökonomische und soziale Situation im Projektgebiet erhoben werden. Noch in den 70er Jahren wurden dafür umfassende Grundlagenerhebungen („Baseline surveys") durchgeführt. Sie waren in vielerlei Hinsicht problematisch. Die Daten wurden durch zahlreiche MitarbeiterInnen mit Fragebögen erhoben. Dies war zeit- und arbeitsintensiv und kostspielig. Die Daten konnten in ihrer Fülle anschließend selten vollständig ausgewertet werden, da die Zeitvorgaben dies häufig nicht zuließen. Die Ergebnisse der Erhebungen hatten zudem oft wenig Bezug zur spezifischen Problemstellung des Projektes und konnten daher die Projektentscheidungen selten beeinflussen. Aufgrund der Unzufriedenheit mit den Ergebnissen von „Baseline surveys" und oberflächlichen Kurzzeitstudien der 70er Jahre wurde eine praxisnähere und kostengünstigere Methode entwickelt, der „Rapid Rural Appraisal" (RRA). Er wurde für die Entwicklungszusammenarbeit seit Anfang der 80er Jahre zunehmend von Entwicklungsorganisationen, Forschungszentren, Consulting-Firmen u.a. angewandt und diskutiert.

RRA can be defined as a systematic, semistructured activity conducted on-site by a multidisciplinary team with the aim of quickly and efficiently acquiring new information and hypotheses about rural life and rural resources (Schönhuth, Kievelitz 1994, 4).

Das Arbeitsteam im RRA soll zum Beispiel aus ProjektmitarbeiterInnen, LandwirtschaftsberaterInnen, Regierungsangestellten, DorfvertreterInnen und WissenschaftlerInnen gebildet werden. In Zweier- oder Dreierteams soll die Situation vor Ort aus verschiedenen Blickwinkeln betrachtet und analysiert werden. Die Teams sollten mit Hilfe von einfachen, nicht standardisierten Methoden wie semistrukturierten Interviews, analytischen Spielen, Beobachtungen, Gesprächen oder Ortsbegehungen Informationen sammeln.

Die Zusammensetzung der Teams sollte dabei täglich geändert werden, damit die positiven Wirkungen unterschiedlicher fachlicher Hintergründe, Sichtweisen und Kenntnisse optimal genutzt werden können. Bei der anschließenden Situationsanalyse sollten die erhobenen Daten gemäß den Präferenzen und Einschätzungen der Einheimischen ausgewertet werden.

4.1.2 Participatory Rapid / Rural Appraisal (PRA)

Auf der Basis des RRA-Ansatzes wurde Ende der 80er Jahre von verschiedenen Organisationen ein neuer Ansatz „Participatory Rapid / Rural Appraisal“ (PRA) entwickelt. Als „Bottom-up“-Ansatz ist er eine basisnähere Variante des RRA-Ansatzes, bei dem das „Top-down“-Prinzip dominierte. In den Jahren 1988/89 wurde er von verschiedenen Organisationen in Indien und Kenia erstmals angewandt. Beim PRA wird auf Methoden der sozialanthropologisch-ethnographischen Feldforschung zurückgegriffen. Sie legt besonderen Wert auf Partizipation und Empathie sowie auf das Verstehen komplexer Zusammenhänge. Sie verlangt eine veränderte Einstellung der externen Experten zur lokalen Bevölkerung. Der Prozess der Datensammlung, deren Analyse und die Erarbeitung der Folgerungen sollen nicht mehr von Externen, sondern von den Einheimischen selbst durchgeführt werden. Die lokale Bevölkerung soll damit die Entscheidungskompetenz behalten.

PRA ist demnach ein Weg, in einem vertretbaren Zeitrahmen (wenige Wochen bis einige Monate) von und mit Mitgliedern einer Gemeinschaft zu lernen, (Entwicklungs-) Hemmnisse und Chancen zu untersuchen, zu analysieren und zu evaluieren, sowie fundierte und rechtzeitige Entscheidungen bezüglich Entwicklungsprojekten zu fällen (Schönhuth, Kievelitz 1993, 84).

4.1.3 Vergleich von RRA und PRA

Beide partizipatorischen Ansätze stützen sich auf ähnliche Grundprinzipien. Zu diesen gehören:

- das Dreierprinzip, wonach das Team möglichst aus drei Personen beiderlei Geschlechts und unterschiedlicher Vorqualifikation zusammengesetzt sein sollte. Weiterhin sollte mit mindestens drei verschiedenen Erhebungsmethoden gearbeitet werden. Die Befragten vor Ort sollten ebenfalls nach dem Prinzip dieses „Cross-checking" ausgewählt werden. Sie können einzeln oder auch in verschiedenen Gruppenzusammensetzungen befragt werden.
- das Lernen in der Dorfgemeinschaft vor Ort. Das Team sollte einige Zeit vor Ort leben, um Alltagssituationen kennenzulernen. Dadurch sollen die spezifischen Sichtweisen und Probleme vollständiger erfasst werden.
- die Auswahl handlungsrelevanter Daten. Herkömmliche sozioökonomische Erhebungen oder ethnographische Feldstudien erforderten umfassende Datenaufnahmen. Im Gegensatz dazu soll bei partizipatorischen Methoden der Datenerhebung bereits im Arbeitsprozess eine Auswahl getroffen werden. Die erhobenen Daten sollen in direktem Zusammenhang mit der Problemstellung des Projektes stehen.
- die Visualisierung von Erkenntnissen bzw. Ergebnissen. Im Gegensatz zu Erhebungsmethoden, deren Ergebnisse meist ausschließlich den BearbeiterInnen vorliegen, wird beim RRA und PRA darauf geachtet, dass die Vorschläge und Planungen allen Betroffenen zugänglich sind. Das kann zum Beispiel mit Hilfe von Arbeitsmodellen oder Plänen geschehen.
- die tägliche Reflexion des Kenntnisstandes und der Ergebnisse durch das Dreierteam. Dadurch können Problemfelder vor Ort leichter identifiziert werden. Die Endergebnisse sollten mit den Einheimischen diskutiert werden.

- regelmäßige Folgetreffen zur Evaluierung der Maßnahmen. Die Unterstützung des Planungsprozesses durch das Expertenteam sollte nicht mit der Präsentation der Endergebnisse abgeschlossen sein.
- die spezielle Förderung benachteiligter Personen oder Gruppen. Die partizipatorischen Ansätze sollten dazu beitragen, dass bislang benachteiligte Menschen gleichberechtigt am Entwicklungsprozess teilhaben *(vgl. Schönhuth, Kievelitz 1994, 3-14).*

Trotz der ähnlichen Grundprinzipien von RRA und PRA haben die beiden Ansätze unterschiedliche Schwerpunkte. Der RRA kann für eine erste Orientierung ausländischer Entwicklungsexperten im Projektgebiet und die Konzentration auf einen Aspekt des Problemfeldes geeignet sein. Der PRA stärkt dagegen hauptsächlich die Entscheidungskompetenzen lokaler Gemeinden. Die Unterschiede der beiden partizipatorischen Ansätze sind in der folgenden Übersicht zusammenfassend gegenübergestellt:

Tab. 10: Different focuses of RRA and PRA

	RRA	PRA
developed in	late 1970's / 1980's	late 1980's / 1990's
key resource	local people's knowledge	local people's (analytical) capabilities
main innovations	methods	change of behaviour and attitudes
mode	extractive	facilitating
mode of instruments	verbal (interview, discussion)	visual (particip-diagramming)
ideal objectives	learning from insiders by outsiders	empowerment of local people
outsider's role	Investigator	initiator and catalyst
insider's role	Respondent	presentor, analyst and planner
a model	for participatory intervention	for interaction
who demands?	donor organization	insiders (ideally)

aus: Schönhuth, Kievelitz 1994, 13

4.1.4 Einordnung in entwicklungspolitische Konzepte

Im folgenden wird die Herausbildung entwicklungspolitischer Konzepte seit Mitte der 50er Jahre skizziert, innerhalb derer sich die Methoden des RRA bzw. PRA entwickelt haben.

Am Beginn der Entwicklungszusammenarbeit standen Konzepte des Technologietransfers im Vordergrund. Nach der „Trickle-down"-Theorie sollten durch Kapitaltransfer von Industrieländern in sog. Entwicklungsländer Wachstumsprozesse im Empfängerland in Gang gesetzt werden. Dadurch sollte nicht nur der Lebensstandard der sozialen Eliten erhöht werden, gleichzeitig sollten auch die Lebensumstände der übrigen Bevölkerung verbessert werden. In dieser Dekade wurde in der Grundlagen- und Datenerhebung hauptsächlich mit standardisierten Verfahren gearbeitet.

In den 70er Jahren waren grundbedürfnisorientierte Entwicklungsstrategien vorherrschend. Hauptziel dieser Strategien war die Befriedigung der „Basic needs" für eine größtmögliche Zahl von Menschen innerhalb von kurzen Zeiträumen. Zu Grundbedürfnissen zählten dabei die elementare Ausstattung mit Nahrung, Kleidung und Wohnraum. Auch immaterielle Grundbedürfnisse wie Bildung und Gesundheit sowie zum Beispiel das Bedürfnis nach politischer Partizipation sollten befriedigt werden. In diesem Kontext entstand der RRA-Ansatz.

In den 80er und 90er Jahren kam es zur vermehrten Wertschätzung lokalen Wissens („indigenous knowledge"). Der ursprüngliche „Top-down"-Ansatz des RRA wurde zum „Bottom-up"-Ansatz des PRA weiterentwickelt. Die Rolle der Entwicklungsexperten soll seither hauptsächlich in der Koordination lokalen Wissens und der entstehenden Initiativen bestehen.

Tab. 11: Kurzübersicht über entwicklungspolitische Konzepte und Methoden

Zeitraum	Entwicklungspolitisches Konzept	Methoden der Sozialforschung
50er und 60er Jahre	• Technologietransfer • Wachstumspole / („Trickle-down")	• Standardisierte Verfahren
70er Jahre	• Befriedigung der Grundbedürfnisse	• RRA
80er und 90er Jahre	• Wertschätzung von lokalem Wissen • „Bottom-up"-Effekt	• PRA

Innerhalb der beiden letztgenannten Ansätze wurde allmählich ein Defizit im Bereich der Gender-Problematik deutlich.

4.2 Gender-Analyse

Partizipatorische Vorgehensweisen und der Gender-Ansatz ergänzen sich und stehen im Planungsprozess in Wechselbeziehung zueinander.

> *The gender approach is inseparably linked to participatory procedures and vice versa, genuine participation always implies appropiate involvement of men and women. The gender approach is also linked to a participatory approach in development cooperation, focusing on the self-expressed needs. (...) The gender approach is not compatible with a 'top-down' transfer of western style emancipation (Osterhaus, Salzer 1995, 6,8).*

Die im folgenden vorgestellte Methode der Gender-Analyse wurde in den 80er Jahren von WissenschaftlerInnen der Harvard University entwickelt. Das sog. „Harvard-Framework" ist inzwischen in Methodenhandbücher mehrerer internationaler Organisationen (CIDA, GTZ, OXFAM) aufgenommen und überarbeitet worden.

Eine Gender-Analyse beruft sich auf das Rollenkonzept („Gender roles"), welches davon ausgeht, dass Frauen und Männer in ihrem sozialen Umfeld verschiedene Rollen innehaben, aufgrund derer sie unterschiedliche Verantwortungs- und Entscheidungsbereiche einnehmen. Diese Rollen werden innerhalb der Familie (primäre Sozialisation) erlernt, von FreundInnen übernommen oder durch Schulerziehung, Ausbildung, Medien und Religion (sekundäre Sozialisation) vermittelt.

Aufgrund dieser verschiedenen Rollen und Perspektiven entwickeln Frauen und Männer unterschiedliche Bedürfnisse. Für EntwicklungsplanerInnen heißt dies, dass ein und dasselbe Projekt auf Frauen und Männer unterschiedlich wirken kann. Um zu verhindern, dass ein Projekt negative Nebeneffekte für Frauen (und Männer) hat, benötigen PlanerInnen Kenntnisse über die Lebenssituation der Zielgruppe.

In der GTZ wird die Gender-Analyse als Teil der Zielgruppenanalyse benutzt. Sie liefert qualitative Daten über die Lebenssituation abgegrenzter Bevölkerungsgruppen. Dabei werden Fragen zu drei verschiedenen Bereichen gestellt:

Der erste Fragenkomplex umfasst die geschlechtsspezifische Arbeitsteilung und die Aufteilung von Einkommen. Dabei werden drei Qualitäten von Arbeit unterschieden: produktive, reproduktive und soziale. Unter „produktiver Arbeit" werden Tätigkeiten verstanden, die ein Einkommen oder ein Produkt erzeugen. Diese können nochmals in verschiedene Aktivitäten der Landwirtschaft, des Handwerks, der Fischerei etc. untergliedert werden. Die jeweiligen „Aktivitätenprofile" müssen von Region zu Region und von Schicht zu Schicht neu entworfen werden. Je nach Interesse können einzelne Teilbereiche genauer differenziert werden. Reproduktive Tätigkeiten umfassen größtenteils unbezahlte Hausarbeit (zum Beispiel Subsistenzwirtschaft). Die Unterteilung der produktiven und reproduktiven Tätigkeiten ist oft willkürlich, da zum Beispiel die Lagerung von der Ernte in beide Bereiche fallen kann.

Als dritter Bereich werden soziale oder kulturelle Aktivitäten genannt, die von der Mitgliedschaft in politischen Parteien bis zur Teilnahme an Kirchenaktivitäten reichen können.

Die Informationen dieses Aktivitätenprofils helfen PlanerInnen, die Belastung von Frauen und Männern abzuschätzen. Weiterhin kann aufgenommen werden, welche der Tätigkeiten direkt oder indirekt entlohnt werden. Die Analyse zeigt, welche Aktivitäten evtl. mit Projektaktivitäten verbunden werden könnten und welche Kapazitäten dafür vorhanden sind. Jede Projektaktivität wird das Muster der Arbeitsteilung verändern. Durch mehr Belastung im produktiven Bereich etwa werden Frauen weniger Zeit für reproduktive Tätigkeiten haben. Verhindert werden soll, dass einer Bevölkerungsgruppe, die bereits überlastet ist, neue Aufgaben aufgebürdet werden, ohne dass sie von anderen entlastet wird.

Im zweiten Bereich, dem „Profil über Zugang zu und Kontrolle über Ressourcen" wird untersucht, wie in einer sozialen Schicht die materiellen Güter und Ressourcen zwischen Frauen und Männern aufgeteilt sind. Unter „Zugang“ wird das Recht zur Nutzung verstanden, während „Kontrolle“ die Verfügungsgewalt meint. Zum Beispiel haben Bauern Zugang zu Land, wenn sie Pacht bezahlen, die Besitzer behalten aber die Kontrolle über das Land. Ohne Einverständnis der Landbesitzer können die Pächter keine langfristigen Veränderungen in der Nutzung beschließen.

Als dritte wichtige gesellschaftliche Komponente wird erhoben, wie Frauen an Entscheidungen beteiligt sind. Unterschieden wird dabei der öffentliche Raum (Institutionen) und der private Raum (Familien). Im öffentlichen Raum werden die Anzahl der Mitglieder, Funktionsträger, Angestellten und Führungskräfte nach Geschlecht differenziert dargestellt. Neben dieser quantitativen Teilnahme an Entscheidungen wird die qualitative Teilnahme an Entscheidungen untersucht. Dabei geht es darum, bei wichtigen Versammlungen festzustellen, wie aktiv die Partizipation der Frauen (Redebeiträge, Formulierung von Forderungen, Stimmrecht etc.) ist. Im privaten Bereich soll zum Beispiel festgestellt werden, wie die verschiedenen Haushaltsmitglieder über die anfallenden Arbeiten, über die Ausgaben des Einkommens, über die Investitionen in Erziehung und Ausbildung der Kinder etc. entscheiden.

Methode der Gender-Analyse

Die notwendigen Daten für eine Gender-Analyse können durch Verfahren und Instrumente qualitativer und quantitativer Sozialforschung (zum Beispiel Feldbeobachtungen, Interviews, Gruppendiskussionen) erhoben werden. Die meisten Daten der Gender-Analyse werden in Einzel- oder Gruppeninterviews erhoben. Dabei werden möglichst informelle Gesprächssituationen gesucht. Einige Übungen des PRA haben sich als erfolgreich erwiesen, um gemeinsam mit der Bevölkerung Informationen zum Beispiel zur Erarbeitung eines „Seasonal calender" oder einer „Village map" zu gewinnen. Bei der Anwendung des PRA muss darauf geachtet werden, dass die Perspektiven der unterschiedlichen Altersgruppen von Frauen und Männern sichtbar werden. Ohne diese Aufmerksamkeit kann es sonst passieren, dass die älteren, männlichen Entscheidungsträger den Prozess gestalten. Allen subjektiven Methoden ist die Abhängigkeit vom Kontext, in dem sie erhoben und interpretiert werden, gemeinsam. Die qualitativ erhobenen Daten sind oft unscharf und nicht verallgemeinerbar. Sie sollen quantitative Statistiken nicht ersetzen. Beide sind als sich ergänzende Verfahren zu verstehen, wobei die Statistik Durchschnittswerte errechnen kann, während die Gender-Analyse an ausgewählten Fallbeispielen in die Tiefe geht. Im Idealfall werden die Informationen so mit der Bevölkerung erhoben, dass diese selbst einen Gewinn aus diesem Prozess zieht. Die gesammelten Informationen werden veröffentlicht und vor Ort zur Diskussion gestellt. In einem weiteren Schritt der Interpretation werden Ursachen benannt und Möglichkeiten der Veränderung sowie Hemmnisse identifiziert. So verstanden ist eine Gender-Analyse kein einmaliger Vorgang, sondern Teil eines kontinuierlichen Beratungsprozesses. Im Beratungsprozess bieten sie die Möglichkeit, mit unterschiedlichen Gruppierungen einer Region in Kontakt zu treten, die Umwelt aus ihrer Perspektive wahrzunehmen und gezielt auf die Interessen von Frauen einzugehen *(vgl. Engelhardt 1993).*

4.3 Perspektiven

4.3.1 Grenzen

Auf die dargelegten Möglichkeiten für Partizipation und Gender-Analyse sollte im Prozess der Landnutzungsplanung zurückgegriffen werden. Allerdings hat ihre Einsetzbarkeit in der Entwicklungszusammenarbeit insgesamt - nicht nur im Bereich der Landnutzungsplanung - Grenzen.

- Der „Participatory Rural Appraisal“ soll die Entscheidungskompetenzen der lokalen Gemeinden unter Initiierung und Begleitung von externen ExpertInnen stärken. Partizipatorische Prozesse, die von der einheimischen Bevölkerung getragen werden, finden aber in einem Spannungsfeld unterschiedlicher Erwartungen an ihren Verlauf und ihr Ergebnis statt. Auf der einen Seite sollen die orts- und oft auch kulturfremden ExpertInnen den Prozess initiieren und begleiten, auf der anderen Seite soll er so vollständig wie möglich durch die einheimische Bevölkerung bestimmt sein. Im Idealfall sind externe ExpertInnen in der Lage, ihren persönlichen Beitrag und Erfolg in dem möglichen „empowerment of local people“ zu sehen. Solange die Zielvorgaben eines Projektes jedoch nicht ausschließlich von den Betroffenen vor Ort bestimmt werden, sondern gleichzeitig von Fremdinteressen abhängig sind, ist es unwahrscheinlich, dass sich partizipatorische Ansätze für einen selbstbestimmten und selbstgetragenen Entwicklungsprozess in die Praxis umsetzen lassen.
- Staatliche Entwicklungshilfe der Bundesrepublik Deutschland unterliegt spezifischen politisch-administrativen Rahmenbedingungen. Das BMZ wird ein Projekt nur dann finanzieren, wenn dessen Aktivitäten und Ergebnisse im Rahmen der eigenen politischen Richtlinien bleiben. Diese Richtlinien werden überwiegend von außenwirtschaftlichen Zielsetzungen beeinflusst. Sie orientieren sich selten vorrangig an Konzepten zur Armutsbekämpfung.

> Es *...kommt darauf an, ob in die Zukunft schauende Politiker erkennen, dass nur eine Neuorientierung und Konzentration auf das 'empowerment of the poor' geeignet ist, die Ausgaben für die Entwicklungshilfe wirklich zu rechtfertigen. Da dafür zunächst die bisher für die Armutsbekämpfung bereitgestellten 18 % des*

Entwicklungshaushalts ausreichen dürften, bleiben dann noch mehr als 80 % der Mittel für die an anderen Zielen orientierten Maßnahmen und für die internationalen Organisationen, sofern der Finanzminister, das Parlament und die Öffentlichkeit überzeugt werden können, dass es sich um zweckmäßige, den berechtigten Interessen der Bundesrepublik Deutschland dienende Ausgaben handelt. Man sollte allerdings aufhören, derartige Ausgaben mit altruistischen Motivationen zu verbrämen, sondern sich zu ihren außenpolitischen und außenwirtschaftlichen Zielsetzungen bekennen (Dr. Peter Molt / FAZ 18.10.1996, 11).

- Entwicklungsvorstellungen der einheimischen Bevölkerung können von denen der Geberländer-Organisationen differieren. Da die Bevölkerung in armen Gebieten in erster Linie daran interessiert ist, ihre „Armut“ schnellstmöglich zu verringern, können deren Vorstellungen sogar gegenläufig zu externen Prioritäten sein. In einem solchen Fall können die Erfahrungen der externen ExpertInnen vor Ort zur Lösung des Konfliktes beitragen. Sie bestimmen im Zweifelsfall darüber, wie eng die externen Vorgaben ausgelegt werden.
- Partizipatorische Planungsprozesse sind zeitaufwendig. Sie können allerdings zu Ergebnissen führen, die von den Beteiligten in anderem Maße akzeptiert und umgesetzt werden, als es bei „Top-down“-Entscheidungen der Fall wäre. Für fundierte und dauerhafte Entwicklungsmaßnahmen sollte der Prozess in allen Phasen partizipatorisch und gender-sensibel sein. Bereits eine vorschnelle Auswahl jener, denen die Ergebnisse des Prozesses zugute kommen sollen, kann kontraproduktiv sein. Die Auswahl und Begrenzung des Problemfeldes ist sowohl für den Planungsprozess als auch für die Beteiligten entscheidend und sollte daher bei den Betroffenen selbst liegen. Dennoch ist meist eine fremde Trainingsperson als Katalysator in den Prozess integriert und hat damit Einfluss auf die Prozessgestaltung. Wenn aus Ungeduld, Zeitmangel und Fehleinschätzungen o.ä. in den Prozess eingegriffen wird, können sowohl der Verlauf als auch die Ergebnisse und Konsequenzen fragwürdig werden.
- Es ist schwierig, als Externe(r) eine neutrale Rolle im Meinungsbildungs- und Planungsprozess einzunehmen. Besonders problematisch kann die Situation dann werden, wenn der Prozess den eigenen Überzeugungen und Planungsprämissen zuwiderläuft, zum Beispiel wenn die ausgewählte Gruppe

selbst Teilen der Bevölkerung (wie Frauen, Kindern, Randgruppen) Mitbestimmung bzw. bloße Beteiligung versagt. Schwierigkeiten können besonders dann auftreten, wenn die Betroffenen aufgrund der gegebenen Machtstrukturen kaum handlungsfähig sind.

- Partizipatorische Vorgehensweisen und Gender-Analysen erfordern die Konzentration auf sichtbare wie unsichtbare Prozesse, die sich durch Ortsfremde nur mit Sensibilität und Geduld erfassen lassen. In der derzeitigen „Entwicklungspraxis" ist es schwierig, die notwendigen Voraussetzungen für solche Vorgehensweisen zu schaffen. ExpertInnen, EntwicklungshelferInnen, GutachterInnen und auch HospitantInnen steht häufig nur ein sehr begrenzter Zeitraum zur Mitarbeit zur Verfügung.
- Die Begrenztheit der verfügbaren Zeit wird dann deutlich, wenn man den Zeitbedarf und die Geschwindigkeit der parallel ablaufenden, gesellschaftlichen Prozesse betrachtet. Sowohl ein partizipatorischer Landnutzungsplanungsprozess als auch die Zusammenstellung gender-relevanter Daten und Maßstäbe sind schwer mit der geforderten Ergebnisorientiertheit in kürzester Zeit zu vereinbaren. Lebens- und Arbeitsprozesse laufen außerdem an allen Orten mit verschiedenen Geschwindigkeiten ab. Aufgrund kultureller und spezieller lokaler Vorgaben entwickeln sich Vorgehensweisen, Arbeitsrhythmen und -intensitäten, die für die ausländischen ExpertInnen oft unverständlich und fremd sind.
- Unterschiede in den Lebensrhythmen verschiedener Kulturen werden häufig voreilig als Problem eingestuft. Die jeweiligen soziokulturellen Spezifika sollten differenziert betrachtet und analysiert werden, bevor Urteile gefällt werden. Sonst werden die eigenen, europäisch geprägten Annahmen und Sichtweisen leicht zu Wertmaßstäben, deren Übertragung nicht zur Verbesserung der Situation vor Ort beiträgt.
- Wenn der Planungsprozess nicht durchgehend partizipativ ist, sondern die betroffene Bevölkerung nur punktuell an Aktivitäten oder Entscheidungen beteiligt wird, können bei den Beteiligten falsche Hoffnungen geweckt werden. Wenn die Einheimischen zeitweise zum Beispiel in Workshops von den ExpertInnen der ausländischen Geberorganisation aufgefordert werden, ihre

Probleme zu artikulieren und Wunschvorstellungen für die Zukunft zu formulieren, können dadurch Erwartungen entstehen, deren Erfüllung durch Entwicklungsprojekte nicht geleistet werden kann. Es besteht außerdem die Gefahr, dass sich die TeilnehmerInnen eines solchen Workshops auf materielle Hilfe von außen verlassen, ohne sich ihrer eigenen Möglichkeiten zur Verbesserung der Situation bewusst zu werden. Solche Hoffnungen auf eine Verbesserung der eigenen Stellung oder Situation durch fremde Hilfe stehen einem selbstkontrollierten Entwicklungsprozess entgegen.

4.3.2 Fragestellungen

Aus der beschriebenen Situation ergeben sich einige grundsätzliche Fragestellungen:

- Sind die Prioritäten und Beweggründe der Geberländer sowie ihrer Organisationen mit den tatsächlich vorhandenen Rahmenbedingungen im Empfängerland vereinbar?
- Kann durch Entwicklungszusammenarbeit ein Transfer stattfinden, der die Verhältnisse vor Ort, zum Beispiel für die Armen, dauerhaft verbessert?
- Sind die Interessen von Regierungen und Machteliten der Kooperationsländer untereinander ähnlicher als die Interessen verschiedener sozialer Gruppen innerhalb der jeweiligen Länder?
- Sollte ein Prozess der Wandlung und Entwicklung von Kulturfremden eingeleitet, begleitet und unterstützt werden?
- Ist es möglich und sinnvoll, eigene Vorstellungen von Partizipation und Gleichberechtigung Menschen anderer Kulturkreise zu vermitteln?
- Sollte Entwicklung nach den Regeln und mit den „Werkzeugen" der jeweils eigenen Gesellschaft stattfinden, ohne dass Fremde mit eigenen Interessen in diesen Prozess eingreifen?

4.3.3 Möglichkeiten

Viele Fragestellungen zu möglichen gesellschaftlichen Verbesserungen zum Beispiel im Bereich der Partizipationsmöglichkeiten und Berücksichtigung von Gender-Belangen stellen sich auch in Ländern des Nordens. Der Einsatz der

ExpertInnen für gender-sensible Partizipationsprozesse wäre auch in vielen Bereichen innerhalb des eigenen Kulturkreises denkbar. Die vielfältigen Erfahrungen mit partizipativen, gender-gerechten Planungsprozessen, Systemmanagement und vernetztem Denken könnten besonders in Umbruchsituationen für eine Neustrukturierung nach veränderten Prioritäten hilfreich sein. Partizipatorische Planungs- und Moderationstechniken werden derzeit zum Beispiel in Deutschland längst nicht in allen in Frage kommenden Bereichen eingesetzt, obwohl durch sie Entscheidungsprozesse und Planungsabläufe neu orientiert und damit optimiert werden könnten. Sie könnten dazu beitragen, Akzeptanzprobleme und Interessenskonflikte zu minimieren. Auf diese Weise könnten fundierte Vorschläge zu Strukturreformen oder für Transformationsprozesse auch in der eigenen Gesellschaft erarbeitet werden.

In Ländern des Südens können die dargestellten Methoden der Gender-Analyse dazu beitragen, die Ungerechtigkeiten der bestehenden Situation deutlich zu machen. Es könnte ein Entwicklungsprozess beginnen, durch den die gesellschaftlich geprägten Gender-Rollen modifiziert werden. Dieser Prozess kann durch entsprechende Konzeptionierung von Entwicklungshilfeprojekten beschleunigt werden.

Dabei ist es wichtig, dass nicht lediglich die Teilnahmemöglichkeit von Frauen in Projektaktivitäten der Technischen Zusammenarbeit gefördert wird, sondern auch die Gender-Rollen im Alltag verändert werden. Die Teilnahme von Frauen an Projektaktivitäten kann für sie eine zusätzliche Belastung darstellen. Ein Problem kann weiterhin darin bestehen, dass Frauen zwar in diesem Rahmen an Planungstreffen und Umsetzungsaktivitäten teilhaben, am Prozess der Entscheidungsfindung außerhalb der Projekte jedoch nicht beteiligt sind.

Aufgrund meiner bisherigen Erfahrungen aus unterschiedlichen Entwicklungsprojekten der ländlichen Regionalentwicklung in Lateinamerika und Asien halte ich partizipatorische und gender-orientierte Vorgehensweisen für möglich und sinnvoll. Dabei sollten jedoch die diskutierten Grenzen und Schwierigkeiten nicht übersehen werden.

Um Gleichberechtigung von Frauen und Männern in der Gesellschaft zu verwirklichen, muss vorerst ihr Verhältnis innerhalb des soziokulturellen Kontextes betrachtet werden. Dabei besteht allerdings die Gefahr, dass sich eine Gender-Analyse lediglich auf die Feststellung der aktuellen Verhältnisse beschränkt. Die Ergebnisse sollten jedoch eine weitreichende Strukturveränderung zur Folge haben, damit so die Benachteiligung von Frauen aufgehoben werden kann.

ExpertInnen in Projekten der Entwicklungszusammenarbeit können diesen Prozess initiieren. Sie sollten den Einheimischen Anregungen zur Gestaltung der Prozesse geben. Die Einheimischen als ExpertInnen der eigenen Lebenssituation müssten die Auswahl der geeigneten Methoden zur Problemlösung selbst übernehmen. Ausländische ExpertInnen können aufgrund ihrer Erfahrungen mit Prozessgestaltung und Methodik die Kenntnisse der Menschen vor Ort erweitern. Erfahrungen und Vorstellungen können ausgetauscht und auf ihre Gültigkeit und Umsetzbarkeit innerhalb der jeweils eigenen Realität geprüft werden. Es sollte dabei ein Prozess des wechselseitigen Lernens zur Erweiterung des eigenen Wissens stattfinden.

Das Ergebnis eines solchen Prozesses in der Landnutzungsplanung kann die Wiederherstellung und dauerhafte Sicherung der physischen Rahmenbedingungen sein. Der Prozess kann außerdem zur Verbesserung der sozioökonomischen Situation beitragen. Im günstigsten Fall wird ein partizipatorischer, gendersensibler Planungsprozess langfristige Veränderungen im Verhalten der Beteiligten bewirken. Durch einen solchen Planungsprozess können bislang unerkannte Hemmnisse für eine gesellschaftlich gerechtere und damit nachhaltige Entwicklung aufgehoben werden.

5 Abstract

This thesis deals with the potentials and limits of participative, gender-sensitive land-use planning in the municipality of Alcoy / Cebu / Philippines.

In the first chapter land-use planning is defined and described as a process aiming at sustainable development in rural areas. This process includes several steps such as data gathering and analysis, discussion and evaluating and finally, decision making, implementation and monitoring. Sustainability and sustainable land-use are characterized according to the thermodynamic point of view.

The second part of the first chapter summarizes different concepts and strategies for the fostering of women.

In 1985 non-governmental organizations proclaimed the 'empowerment approach'. They emphasized that women should not only participate in the existing social-economic system, but should change the conditions that cause their discrimination. The equality of women and men was seen as a basic requirement for sustainable development.

Development strategies of the World Bank stress the productive capabilities of women, which should be increased through investment in their education. The World Bank aims to influence development through programs that foster women.

In the 1970's development strategies focused industrial development and income generation. The aim was to raise the productivity of women in order to improve their social status. Although women were key persons in the processes of rural development, they did not participate in planning and decision making. The concept of 'Women In Development' also proposed the integration of women in existing economic structures in order to accelerate development. Gender as a definition criterion for target groups was not employed until the late 1970's.

The new gender approach considers the importance of acquired female and male roles in society. These gender roles influence the behavior, needs and special responsibilities of women and men. Methods of gender analysis show the qualitative and quantitative distribution of resources, power and work. Gender-differentiated development strategies were increasingly used by German development agencies during the whole project cycle.

The second part of the thesis contains an analysis of the physical conditions in the municipality of Alcoy and a socio-economic profile thereof. Data concerning climate, slopes, soils, erosion potential, flooding hazard, hydrogeology and land capability have been gathered and illustrated. In addition data on demography, education, infrastructure, water and energy supply, agriculture and trade were compiled. The information, integrated, gives an impression of the situation of rural poverty in the Alcoy planning area.

In the following chapter our experience of the land-use planning process in Alcoy is described and evaluated. Workshops with pupils and their parents were realized in Pugalo and Nug-as in order to stress participatory aspects in the planning process.

The second part of the third chapter contains an analysis of women's living conditions in the Philippines, especially in Alcoy. Although there is a formal and legal equality of women and men in the Philippines, several disadvantages in the positions of women can be found. The poverty in the southern periphery of Cebu aggravates the living conditions of women.

In addition to the evaluation of the participatory process, gender-relevant data gaps are shown. For a gender-sensitive planning process further physical and social data are necessary.

The fourth chapter introduces several participatory methods such as RRA and PRA. These two approaches are compared and described as part of development strategies.

Another method for a participatory, gender-sensitive planning process is the preparation of gender profiles. These show the distribution of work and activities, income, resources and participation between women and men and could help to raise awareness and change existing inequalities between gender roles.

The thesis concludes with an outline of limits, open questions and possibilities. A gender-sensitive, participatory planning process is seen as necessary to ensure sustainable development. Nevertheless, the given framework for projects and development activities often complicates this kind of approach. Beyond practical problems like experts' time schedules further questions arise.

The expectations and habits of foreign experts and the local population are sometimes very different. Before beginning a rural development project which applies methods of gender-sensitive, participatory land-use planning, one should discuss the fundamental ideas and conditions of cooperation between planners and population.

6 Abbildungs- und Tabellenverzeichnis

6.1 Abbildungsverzeichnis

6.2 Tabellenverzeichnis

7 Literaturverzeichnis

AMLER, Bernhard:
Landnutzungsplanung für Entwicklungsländer.
Methoden der Standorteignungsbewertung und Landnutzungsplanung für den ländlichen Raum in Entwicklungsländern.
In: Landschaftsentwicklung und Umweltforschung. Nr. 85.
Schriftenreihe des Fachbereichs Landschaftsentwicklung der TU Berlin (Hrsg.). Berlin 1994.

AUGUSTIN, E.:
Gender Training Manual for People and Gender Oriented Project Planning and Implementation. Deutsche Gesellschaft für Technische Zusammenarbeit (GTZ) / OE 04. Pilotprogramm Frauenförderung (Hrsg.). Eschborn 1995.

BENERIA, Lourdes:
Accounting for Women's Work.
In: L.B. (Hrsg.). The Sexual Division of Labor in Rural Societies.
New York 1982.

BLUMBERG, Rae L.:
Making the Case for the Gender Variable. Women and the Wealth and Well-Being of Nations. US-Agency for International Development (USAID) / Office on Women in Development (Hrsg.). Washington 1988.

BUNDESMINISTERIUM FÜR WIRTSCHAFTLICHE ZUSAMMENARBEIT (BMZ) (Hrsg.):
Konzept für die Förderung von Frauen in Entwicklungsländern. Grundsätze für die Förderung von Frauen in Entwicklungsländern bei der Planung, Durchführung und Bewertung von Vorhaben der Entwicklungszusammenarbeit. Bonn 1988.

BUNDESMINISTERIUM FÜR WIRTSCHAFTLICHE ZUSAMMENARBEIT (BMZ) (Hrsg.):
Querschnittsevaluierung. Die Auswirkungen von Projekten der ländlichen Entwicklung auf die Lebenssituation von Frauen. Bonn 1987.

BUNDESMINISTERIUM FÜR WIRTSCHAFTLICHE ZUSAMMENARBEIT (BMZ) (Hrsg.):
Förderung von Frauen in Entwicklungsländern. Materialien Nr. 80.
Bonn 1988.

CAMMAN, Lüder:
Rapid Rural Appraisal for Farming Systems Development. Some Preliminary Guidelines for Conducting an Action-Oriented Field Survey. Feldafing 1990.

CANADIAN COUNCIL FOR INTERNATIONAL COOPERATION (Hrsg.):
Two Halves Make a Whole. Balancing Gender Relations in Development. Ottawa 1991.

CANOOG, Elpe; KIEVELITZ, Uwe:
Social Stratification. Concept, Manual and Case Studies. Philippine - German Cebu-Upland Project. Cebu City 1989.

COMMISSION OF THE EUROPEAN COMMUNITY (Hrsg.):
Women and Development. Cooperation with Latin American, Asian and Mediterranean Countries. Management of the Project Cycle. Brüssel 1993.

CONTINING EDUCATION CENTER (Hrsg.):
A Workshop on the Application of RRA in the Philippines. University of the Philippines. Los Banos 1991.

DAMS, Theodor (Hrsg.):
Integrierte Ländliche Entwicklung - Theorien, Konzepte, Erfahrungen, Programme. Studien zur integrierten ländlichen Entwicklung 16. Justus-Liebig-Universität Gießen. Hamburg 1985.

DEPARTMENT OF AGRICULTURE AND NATURAL RESOURCES (Hrsg.):
Soil Survey of Cebu Province, Philippines. Reconnaissance Soil Survey. Soil Report Nr. 17. Manila 1954.

DEPARTMENT OF THE INTERIOR AND LOCAL GOVERNMENT (DILG) of the Philippines (Hrsg.):
Local Government Code. Manila 1991.

DEPARTMENT OF THE INTERIOR AND LOCAL GOVERNMENT (DILG) of the Philippines (Hrsg.):
Rules and Regulations Implementing the Local Government Code of 1991. Manila 1991.

DEUTSCHE GESELLSCHAFT FÜR TECHNISCHE ZUSAMMENARBEIT (GTZ) (Hrsg.): Geographische Informationssysteme. Einsatz in Projekten der Technischen Zusammenarbeit. GTZ - Leitfaden. Eschborn 1994.

DEUTSCHE GESELLSCHAFT FÜR TECHNISCHE ZUSAMMENARBEIT (GTZ) (Hrsg.): Experiences of Land Use Planning in Asian Projects. Selected Insights. Erarbeitet von: The Working Group on Land Use Planning for the Asian Pacific Region. Colombo 1996.

DEUTSCHE GESELLSCHAFT FÜR TECHNISCHE ZUSAMMENARBEIT (GTZ) (Hrsg.): Landnutzungsplanung. Strategien, Instrumente, Methoden. Erarbeitet von: Arbeitsgruppe Integrierte Landnutzungsplanung (AGILNP). Eschborn 1995.

DEUTSCHE GESELLSCHAFT FÜR TECHNISCHE ZUSAMMENARBEIT (GTZ) (Hrsg.): LRE aktuell. Strategieelemente für eine Umsetzung des LRE-Konzeptes unter veränderten Rahmenbedingungen. Eschborn 1993.

DEUTSCHE GESELLSCHAFT FÜR TECHNISCHE ZUSAMMENARBEIT (GTZ) (Hrsg.): Rahmenplanung für Projekte der ländlichen Regionalentwicklung. Aufgaben - Inhalte - Methoden. Eschborn 1991.

DEUTSCHE GESELLSCHAFT FÜR TECHNISCHE ZUSAMMENARBEIT (GTZ); DEUTSCHE STIFTUNG FÜR INTERNATIONALE ENTWICKLUNG (DSE) (Hrsg.): Regional Rural Development. Report of a Workshop in Asia. Feldafing 1985.

DEUTSCHE STIFTUNG FÜR INTERNATIONALE ENTWICKLUNG (DSE) (Hrsg.): Entwicklung und ländlicher Raum. Heft 2 / 96. Frankfurt a. M. 1996.

DEUTSCHER ENTWICKLUNGSDIENST (DED) (Hrsg.): Zusammenarbeit mit Frauen. Zeitschrift des DED 4 / 94. Berlin 1994.

EFFLER, Dirk: Landnutzungsplanung in der Technischen Zusammenarbeit. Ansätze zu Instrumentenentwicklung auf der Basis von Projekterfahrungen. Deutsche Gesellschaft für Technische Zusammenarbeit (GTZ) (Hrsg.). Eschborn 1993.

ENGELHARDT, Eva: Toolbook for Gender Sensitive Participatory Extension Approaches in the Cebu-Upland Project. Cebu City 1994.

FLIEGER, Wilhelm:
Cebu: A Demographic and Socioeconomic Profile Based on the 1990 Census. National Statistics Office. Republic of the Philippines (Hrsg.). Manila 1994.

FOOD AND AGRICULTURE ORGANIZATION OF THE UNITED NATIONS (FAO) (Hrsg.):
Guidelines for Land Use Planning. Rom 1993.

FOOD AND AGRICULTURE ORGANIZATION OF THE UNITED NATIONS (FAO) (Hrsg.):
World Reference Base for Soil Resources. Rom 1994

GAESING, K. u.a.:
Ansätze zur Frauenförderung im internationalen Vergleich. Empfehlungen für die deutsche Entwicklungszusammenarbeit. Forschungsberichte des BMZ. Bd. 115. Bundesministerium für wirtschaftliche Zusammenarbeit (Hrsg.). München, Köln, London 1994.

HAHN, Herwig u. PREUß, Hans-Joachim:
Regionalplanung in der ländlichen Entwicklung. Zentrum für Regionale Entwicklungsforschung der Justus-Liebig-Universität Gießen. Materialien 31. Gießen 1994.

HILDMANN, Christian; RIPL, Wilhelm u. JANSSEN, Thomas:
Nachhaltige Bewirtschaftung. In: Garten + Landschaft Nr. 1 /1996. S. 32-36. München 1996.

HOUSING AND LAND USE REGULATORY BOARD (Hrsg.):
Town Planning Guidelines and Standards. Land Use. Volume 4. Cebu City 1989.

ILLO, Jeanne Frances I.:
Looking at Gender and Development. Workshops as Fora for Gender Advocacy. Institute of Philippine Culture. Ataneo de Manila University. In: Training for CUP Management and Advisory. Gender Analysis into Projects Planning and Monitoring. Women in Development Advisory Project (WIDAP) (Hrsg.). Quezon City 1993.

KERSTAN, Birgit:
Introduction to the Gender Analysis Method. Aims, Categories and Tools. Cebu 1993.

KIEVELITZ, Uwe:
Participation in Project Cooperation. Its Possibilities, Forms and Limits. A Case Example from the Philippines. German Foundation for International Development (DSE). Bad Honnef 1992.

KREDITANSTALT FÜR WIEDERAUFBAU (KfW) (Hrsg.):
Ländliche Entwicklung im Rahmen der finanziellen Zusammenarbeit mit Entwicklungsländern. Frankfurt 1985.

LICUANAN, Patricia B.:
A Situation Analysis of Women in the Philippines.
In: Training for CUP Management and Advisory. Gender Analysis into Projects Planning and Monitoring. Women in Development Advisory Project (WIDAP) (Hrsg.). Quezon City 1993.

MUNICIPAL DEVELOPMENT STAFF, Alcoy / Cebu u. HUMAN SETTLEMENTS REGULATORY COMMISSION, Region VII (Hrsg.):
Comprehensive Development Plan Alcoy / Cebu. Alcoy 1985.

MUNICIPALITY OF ALCOY (Hrsg.):
Draft Comprehensive Land Use Plan 1996-2005. Alcoy 1996.

NATIONAL COMMISSION ON THE ROLE OF FILIPINO WOMEN (Hrsg.):
Philippine Plan for Gender-Responsive Development. Manila 1995.

NOHLEN, Dieter (Hrsg.):
Lexikon Dritte Welt. Länder, Organisationen, Theorien, Begriffe, Personen. Heidelberg 1994.

OSTERHAUS, Juliane u. SALZER, Walter:
Gender Differentiation throughout the Project Cycle. Pointers for Planning, Monitoring and Evaluation. Deutsche Gesellschaft für Technische Zusammenarbeit (GTZ) (Hrsg.). Eschborn 1995.

OVERHOLT, Catherine u.a.:
Gender Roles in Developing Countries. A Case Book. West Hartfort 1987.
Reichenbach, Gabriele u. Küsel, Corinna: Länderstrategien aus Gender-Perspektive. Auswertungen von Erfahrungen und Hinweise zur Umsetzung.Deutsche Gesellschaft für Technische Zusammenarbeit (GTZ) (Hrsg.). Eschborn 1995.

RIPL, Wilhelm:
Nachhaltige Bewirtschaftung von Ökosystemen aus wasserwirtschaftlicher Sicht.
In: Nachhaltigkeit in naturwissenschaftlicher und sozialwissenschaftlicher Perspektive. Hrsg. v. Fritz, P., Huber, J. u. Levi, W. S. 69-80. Stuttgart 1995.

SANCHEZ, Pedro A.:
Properties of Soils in the Tropics. New York, London, Sydney, Toronto 1976.

SCHEFFER, Fritz u. SCHACHTSCHABEL, Paul:
Lehrbuch der Bodenkunde. Stuttgart [11]1984.

SCHNEIDER, Regina Maria u. SCHNEIDER, Winfried:
Frauenförderung in der ländlichen Entwicklung. Ein Orientierungsrahmen. Deutsche Gesellschaft für Technische Zusammenarbeit (GTZ) (Hrsg.). Eschborn 1989.

SCHÖNHUTH, Michael u. KIEVELITZ, Uwe:
Participatory Learning Approaches. Rapid Rural Appraisal. Participatory Appraisal. Deutsche Gesellschaft für Technische Zusammenarbeit (GTZ) (Hrsg.). Roßdorf 1994.

SCHULTZ, T. Paul:
Women and Development. Objectives, Frameworks and Policy Interventions. The World Bank (Hrsg.). Washington 1989.

STEIJN, T.v.:
Rapid Rural Appraisal in the Philippines. Quezon City 1991.

THE WORLD BANK (Hrsg.):
World Bank Sourcebook on Participation. Washington 1994.

WALTER, H.:
Vegetation und Klimazonen. Stuttgart [4]1979.

WOMEN IN DEVELOPMENT ADVISORY PROJECT (WIDAP) (Hrsg.):
The Situation and Concerns of Women in 3 Barangays: Cansalo-ay, San Agustin, Granada and their Participation in the Cebu-Upland Project (CUP). Quezon City 1993.

Zeitfracht Medien GmbH
Ferdinand-Jühlke-Straße 7
99095 Erfurt, Deutschland
produktsicherheit@kolibri360.de